言葉に心の声を聞く
―印欧語・ソシュール・主観性―

阿部　宏

人文社会科学ライブラリー第4巻

東北大学出版会

In the Language, Listen to the Voice from the Mind :

Indo-European, Saussure, Subjectivity

Hiroshi ABE

Tohoku University Press, Sendai
ISBN978-4-86163-258-7

プロローグ

　「アトは任せた」の「アト」は未来のことですが、「もうアトは振り返らないで未来志向で生きていく。」の「アト」は過去の意味です。正反対の概念である未来と過去が、なぜ同じ表現で表されてしまうのでしょうか。使う時に混乱しないのでしょうか。

　「ネズミを追いかけている。やっぱりネコはネコだな。」やこの否定の「ネズミを捕らないネコなんてネコじゃない！」のような文は「ネコ＝ネコ」、あるいは逆の「ネコ≠ネコ」のようなナンセンスなことをいっているだけで、情報価値はゼロのはずです。いったい、これらの文は本当は何を述べているのでしょうか。

　「量の多少に関わらずご用命ください。」の「多少」は「多」と「少」にそれぞれ意味がありますが、「多少冷たい人」の「多少」は「少し」の意味です。それでは、「多」はなぜ必要なのでしょうか。

　「電話は話すための機械だ。それ以上でもそれ以下でもない。」の場合の「以上」、「以下」は、「100 人以上の人が集まった」、「入場料、20 歳以下は 300 円」などの「以上」、「以下」とは違って、何を基準にして「以上」や「以下」なのかがはっきりしません。それでも、よくこの言い方を耳にします。この時、「以上」、「以下」は、いったいどういう意味なのでしょうか。

　「最高の傑作」はいいのですが、「最高の駄作」という表現はどこか落ち着かない気がしませんか。意味はわかりますが …。なぜでしょうか。

　これら一連の日本語の言い回しに関する素朴な疑問は、一見、

思いつくままにただ例を並べただけのように見えますが、いずれも実は言葉の働きのある基本的な側面に関わっています。人間は言葉によって情報伝達を行っていますが、その情報には同時に話し手の判断が否応なく込められるのです。しかし、それは大部分の場合に無意識に行われますので、話し手自身も自分が判断を下していることに気づきません。近年「主観性」と呼ばれるようになったこの種の心のメカニズムの発見に至るまでに、言葉の研究は長い試行錯誤の期間を経る必要がありました。本書は、言葉の科学の誕生から今日までを、言葉における心の発見という観点から辿ってみたものです。

　ところで、この本に興味をもってくださった読者の中には、現役の大学生、あるいは大学進学を考えている高校生のみなさんもおられるかと思います。大学にはさまざまな授業科目が用意されています。また、自分が所属する学部や学科の開講科目以外にも、興味を惹かれた講義があれば、他学部や他学科、場合によっては他大学にまで出向いて履修や聴講をすることができます。その中で、例えば数学、世界史、物理学、国文学などであれば、中学や高校でやった勉強をさらに深めていく授業だな、とイメージが湧きやすいのではないでしょうか。しかし、大学のシラバスの中には「言葉の科学」、「言語学」、「意味論」、「語用論」などの講義科目も掲載されているはずです。これらはどういう勉強なのでしょうか。そもそも、言葉は科学的な研究対象になりうるものなのでしょうか。実際に教室に行ってみるまでわからないですね。

　人や国や社会に歴史があるように、日本語や英語などの言葉も歴史をもっています。また、それを研究する言葉の科学にも歴史

があります。意外に思われるかもしれませんが、ヨーロッパにおける言葉の研究は、紀元前のインドの言葉であるサンスクリット語との出会いからはじまりました。また言葉は、曖昧模糊とした扱いにくい対象ではけっしてなく、ある面では驚くほど厳密な法則性を示すものであること、したがってその研究手法も、文系的というよりは理系的、さらには数学的とでもいうべき思考法が要請されるものでもあります。またこうした研究を主導してきた人たちは、予想外の発見の驚き、未知の対象に向かっていく知的興奮、理論を発想し構築していく喜び、自説が認められない失意、など種々の思考のドラマを経験しています。いわば、研究と人生とが不可分に一体化しているのです。

　言葉の科学において、まずは19世紀後半に、歴史的な音の変化について数多くの法則が発見されました。しかしこの段階では、言葉はそれを話す人間から切り離されて、あたかも H_2O の水を水素二個と酸素一個に分解するかのような化学的な実験対象、あるいは生物学における単細胞から脊椎動物への進化、あるいはその逆の退化の過程でもあるかのようにみなされていました。ついで、20世紀前半には言語間での語彙や文法の多様性に目が向けられ、それらの複雑さを可能にする説明原理が構想されました。同時に、言葉がそれを話す人間の心の現象であることが認識されはじめました。つまり、時間軸上の変化ではなしに、一時代における言葉の働きに関心が向かっていったのです。また音の体系を支配する原理が、語彙や文法の説明にも有効であることがわかってきました。

　しかし20世紀末になると、再び言葉の変化への関心が高まっ

てきました。また今度は音だけではなく、意味や文法の変化についても規則性や方向性が指摘されるようになりました。言葉がそれを話したり書いたりする人の心のありようを伝えるものであることは当然ですが、よりミクロなレベルで、つまり表現される内容のみならず、語彙や文法といったいわば表現の土台部分においても、言葉には話し手の心が否応なく現れます。またこれが、言葉の変化の方向性にも大きく関わっていることがわかってきました。言葉の変化は単に散発的かつ一回性の偶然的現象ではなく、話し手の心の仕組みを反映して、ある種の道筋に沿ったものとなるのです。

　このように言葉には話し手の心が否応なく刻み込まれるのですが、言葉の科学の歴史は、言葉に刻印された心を発見し、その働きの解明へと向かってきた歴史でもあります。

　本書は、まず第一部でサンスクリット語の発見と言葉の科学の誕生について概説します。ついで第二部で言語学者ソシュールの印欧語に関する重要な仮設と、その著書『一般言語学講義』について解説し、彼の印欧語研究と一般言語学概念との繋がりについて考えてみます。第三部でソシュールの教え子メイエが提唱した先駆的な仮説、いわゆる文法化概念について触れ、ついで言葉における主観性について考察したいと思います。第四部では、主観性の一つと考えられる「望ましさ」判断の観点から日本語を中心としたいくつかの表現について検討してみます。具体的には、「最高の映画」のような「最高」、「男の中の男」のような「Xの中のX」、「ネコはネコだ！」のようなトートロジー、「道具以上のもの」のような「X以上」、「多少高くても…」のような「多少」、およ

びこれらの類義表現です。

　なかには少し難しい部分もあるかもしれません。しかし、そこはとりあえずとばして先に読み進んでいただいて結構です。

　また、本書で扱われた内容について、もっと詳しく知りたくなった読者のために、巻末に参考文献を紹介しています。文献は日本語で書かれたものと、原著が外国語の場合はその日本語訳です。主として一般読者や学生を対象としたものを中心に、最小限に絞りました。第四部だけは、内容との関係で専門的な論文を少しとりあげました。ただしこれも、日本語の現象について日本語で書かれた文献に限りましたので、図書館などを利用して論文を入手し、じっくりと読んでいただければ、専門家でなくても十分に理解可能な内容かと思います。各文献にもまた、その研究に直接的にあるいは間接的に関連する参考文献が挙げられているはずです。

　言葉の科学は、尽きない魅力にあふれた研究領域です。興味を惹かれたテーマについては、ぜひ巻末の参考文献を出発点にして自分で勉強を進めていってみてください。

　本書には多くの引用文が収録されていますが、その中には読者の理解を助けるために原文にない下線や括弧などを用いたものが多くあります。煩瑣を避けるために、この付加を各例毎に明示してはいないことを、あらかじめおことわりいたします。

目　次

プロローグ …………………………………………………………… i

第一部　言葉の科学 …………………………………………………… 1
　第一章　言葉の科学の誕生 ……………………………………… 3
　第二章　印欧語 …………………………………………………… 13

第二部　ソシュール ………………………………………………… 25
　第三章　喉頭音の発見 …………………………………………… 27
　第四章　『一般言語学講義』…………………………………… 38

第三部　主観性 ……………………………………………………… 57
　第五章　文法化 …………………………………………………… 59
　第六章　言葉を話す人間 ………………………………………… 74
　第七章　主観性とは ……………………………………………… 89

第四部　望ましさ …………………………………………………… 97
　第八章　「最高」………………………………………………… 99
　第九章　「男の中の男」………………………………………… 109
　第十章　「ネコはネコ」………………………………………… 115
　第十一章　「道具以上のもの」………………………………… 127
　第十二章　「多少高くとも…」………………………………… 136

エピローグ ………………………………………………………… 145

参考文献 …………………………………………………………… 148

第一部
言葉の科学

第一章　言葉の科学の誕生

　私たちの生活は言葉で成り立っています。言葉でお互いに情報を伝達したり、他人の考えや感情を理解したり、あるいは相手の発言に対して自ら言葉を補ってその意図を忖度したりします。またもし文字がなかったとすれば、駅名や時刻表を見て電車に乗ったり、各商品の値札を参考に買い物をしたり、待ち合わせを手帳にメモしたり、といったごくふつうの日常生活すら成立しなくなってしまうでしょう。しかし、人間や動植物の生存に不可欠な空気の存在がふだんの生活では特に意識されないように、あまりに身近なものは当たり前すぎて、その存在が意識にのぼらなくなってしまうものです。言葉もまた、私たち人間にとって自然すぎて、その仕組みがどのようになっているのか、ふつう私たちはほとんど関心をもちません。

　しかし例えば、音と意味とはどのような関係にあるのでしょうか。「犬」が日本語で［INU］という音で表さなければならない理由はあるのでしょうか。同じ動物なのに、なぜ英語では dog、フランス語では chien になってしまうのでしょうか。

　世界には、一つの共通語ではなくて、なぜ多種多様な言葉があるのでしょうか。またそれらの仕組みは相互に全く別々なのでしょうか。それとも基本には共通性があるのでしょうか。

　「若者の言葉の乱れ」ということがよくいわれますが、言葉は時代とともにひたすら崩れていってしまう一方なのでしょうか。そもそも、発音や意味や文法が時代とともに変わるというのは、どういうことなのでしょうか。

言葉は、他人に情報を伝えるための単なる道具ということなのでしょうか。それとも、それを超えた何かなのでしょうか。また、言葉とそれを話す人間の心との関係はどうなっているのでしょうか。

こうして少し立ち止まって考えてみると、次々に疑問が湧いてきます。これらはいずれも、人間にとって言葉とは何か、という根源的な問いに触れています。またこれらの問題こそ、言葉の科学が関心を寄せてきたテーマなのです。

紀元前ギリシャの思想家プラトン（前 427-前 348）の対話篇の一つに『クラテュロス』があります。この中で、ソクラテス、クラテュロス、ヘルモゲネースの 3 人が言葉の音と意味とは必然的関係にあるのか、それとも単なる約束事にすぎないのか、あるいはまた語を構成する個々の音にそれぞれ固有の意味はあるのかどうか、といった問題をめぐって議論を戦わせています。

「イヌ」の意味は［INU］という音で表現されるべき理由が特にあるのか。あるいは、これは単なる日本語での約束事にすぎず、決め方次第で例えば［NEKO］という音の連続で表されてもいいのかどうか。あるいはまた、［I］、［N］、［U］などの各音が、例えば［I］は「尻尾」、［N］は「四つ足と動物の体」、［U］は「ワンという吠え声」など、それぞれ小さな意味をもっていて、それらが総合されて「イヌ」という意味が構成されるのだろうか、というような、言葉と音の関係性への根本的な問いかけです。

あるいはまた、紀元前 5〜6 世紀のインドにパーニニという文法家がいました。彼は神話や仏典が書かれたインドの古い言語で

第一章　言葉の科学の誕生　　5

あるサンスクリット語を考察し、そこに整然とした規則性を発見しました。そこで彼は、まず語の語彙的意味を担う部分としての語根の概念を打ち立て、これを基盤に名詞や動詞などの各品詞が次々に派生され、さらにはそれらの各変化形が生み出されていく壮大な体系を文法書としてまとめあげました。

　例えば krī- という語根は単に「買う」という概念を表しているだけで、まだ名詞でも動詞でもありません。krayá だと「買うこと」、kráyin だと「買う人」という名詞になります。また、語根 krī- に接尾辞-ṇā-がついてはじめて krīṇā- という動詞の語幹ができます。さらにこれに語尾-mi をつけて krīṇámi ではじめて「私は買う」という意味になります。こうした語根を中心とする考え方は、現代でもサンスクリット語文法を記述するにあたっての基礎となっており、サンスクリット語の辞典では、日本語や英語の辞典とは異なり語根が見出しになっています。

　このように、紀元前の時代から言葉に関心を抱いた人たちがいて、また緻密で体系的な文法の記述も実際に行われていました。しかし、言葉についてさまざまに想像をめぐらし自由に議論を行ったり、ある一つの言語の形態変化を詳細に記述したり、といった営為を超えたところで、言語を歴史的変化の相でとらえたり、複数の言語間の関連性を考察したり、といった機運が生まれたのは比較的新しく、18世紀後半になってからのことです。また個別言語の違いを超えた言葉の一般原理へと関心が本格的に向かったのは、20世紀に入ってからのことです。

　ピタゴラスの三平方の定理で有名な幾何学や、星の運行を測定し暦を作成したり日食や月食を予想したりする天文学、また古い

文献やその写本間の違いを研究対象とする文献学などが紀元前から学問として成立していたことを思えば、言葉の科学は比較的歴史の浅い研究分野といえるでしょう。

　以下では、この科学がどのように生まれて、発展してきたのか、まずその誕生の契機からお話をはじめたいと思います。

　物語は、イギリス人の裁判官であるウイリアム・サー・ジョーンズ（William Sir Jones, 1746–1794）という人が当時イギリスの植民地であったインドのカルカッタに赴任した時代に遡ります。ジョーンズは、両親の勧めもあってオクスフォード大学の法学部に入学しましたが、もともと言葉への関心が高く、語学の達人でもありました。大学時代には専門の法学の勉強とは別に、古典文献学の勉強も行っていました。今では話す人がいなくなってしまった昔の言語のことを死語といいますが、古典文献学とは、死語となった古代ギリシャ語やラテン語で書かれた紀元前の文献を研究する学問で、古事記や万葉集など日本の古い文献を扱う研究と区別するために、日本では西洋古典学と呼ばれることもあります。

　ラテン語はもともと今のイタリアのローマのあたりの小規模な都市国家の言語でしたが、武力に優れたこのローマ国は近隣の都市国家を次々に併合していき、やがてはヨーロッパ全域にわたるローマ帝国を築き上げます。歴史的にいって、支配者の言語が常にその地域に定着するとは限らないのですが、ローマ帝国はローマ出身ではない各地の現地人であっても優秀であれば官僚として登用しましたので、出世のためにみんな競ってラテン語を勉強す

第一章　言葉の科学の誕生

るようになりました。これがラテン語がヨーロッパに広く定着した大きな原因の一つといわれています。

　このラテン語が方言に分かれたものが、ロマンス諸語と称される今のフランス語、スペイン語、ポルトガル語、イタリア語、ルーマニア語などです。また、このラテン語と現代ギリシャ語のもとの形である古代ギリシャ語は文化の言語でもあり、思想、神話、劇作品、戦記など豊富な文献が今に残されています。ヨーロッパ人にとってこの両言語は、いわばわれわれ日本人にとっての古文や漢文のようなものです。

　ところで、インドには神話や仏典を記した紀元前からのサンスクリット語の文字資料が大量に残されています。これはヨーロッパの言語ではありませんので、当然ながら文字はアルファベットではありません。日本語のひらがなやカタカナのように、子音と母音の組み合わせを一つの記号で表す音節文字、デーバーナーガリと呼ばれる文字で書かれています。日本では梵字という言い方もありますが、みなさんも墓石の近くに立てかけてある卒塔婆に、漢字ともひらがなとも異なったこの風変わりな文字が書かれているのを目にしたことがあるかもしれません。

（デーバナーガリ文字の例）

तन्वं तन्वन्नज॑सो भा॒नुम॑न्वि॒हि ज्योति॑ष्मतः प॒थो र॑क्ष धि॒या कृ॒तान्।
अनु॒ल्बणं॑ व॒यत॒ जोगु॑वामपो म॒नुर्भ॑व ज॒नया॑ दैव्यं॒ जन॑म् ॥६॥
अश्म॑न्वती रीय॒ते सं र॑भध्व॒मुत्ति॑ष्ठत॒ प्र त॑रता सखायः ।
अत्रा॑ जहाम॒ ये अस॒न्नशे॑वाः शि॒वान्व॒यमुत्त॑रेमा॒भि वाजा॑न्॥८॥

Ch. R. Lanman（1884）: *A Sanskrit Reader*, Harvard University Press, Cambridge, p. 89.

さてジョーンズはインドに赴くと、裁判所の職務のかたわら、さっそくこのサンスクリット語で書かれた紀元前の文献の研究に没頭します。すると驚くべきことに、この言語が自分が学生時代に勉強した古代ギリシャ語やラテン語に非常によく似ていることに気づきます。

実は古代ギリシャ語とラテン語も似ていて、もしかしたら一方が他方の言語から分かれて出てきたのでないか、と以前からヨーロッパではさまざまな推測がなされていました。両者ともヨーロッパの中のローマとギリシャという地中海をはさんだ地理的にも近い国同士の言語ですので、似ていたとしてもそれほど不思議なことではないかもしれません。しかし、そのヨーロッパの両言語と、かたや地理的にも遠く離れた民族も文化形態も全く異なるアジアの、しかも紀元前の言語がそっくりだったというのは、ジョーンズにとって驚天動地の事態でした。

古代ギリシャ語、ラテン語、サンスクリット語の基本的な単語について、以下にわかりやすい具体例をいくつか挙げてみますが、みなさんもあまりの類似に驚かれるのではないでしょうか。

― 表1 ―

	古代ギリシャ語	ラテン語	サンスクリット語
「父親」	patér	pater	pitar-
「母親」	métêr	māter	mātar-
「星」	astér	stella	star-
「ネズミ」	mûs	mūs	mūs-
「今」	nûn	nunc	nu-
「右」	dexiós	dexter	dakṣina-

第一章　言葉の科学の誕生　　　　9

　この発見を現代に置き換えて考えてみましょう。例えば、探査船で月面に降り立った宇宙飛行士が砂の表面にわずかに浮き出た石版の一部を発見し、掘り起こしてみたら、そこに万葉仮名が書かれていた、あるいは火星でついに生物の化石が発見されて、これを分析してみたら、地球上のわれわれと DNA の基本部分が同じであった、といった衝撃に近いものだったことでしょう。

　しかし、一方でヨーロッパの古代ギリシャ語・ラテン語、他方で遠く離れたインドのサンスクリット語との間で、どうしてこのようなこと起こりうるのでしょうか。

　ここで参考までに、少し類似のケースに言及してみたいと思います。例えば大学などでフランス語を学びはじめると、綴りが英語と全く同じか、あるいは少し違うだけの単語がたくさん出てきて、英語の既修者にとってフランス語は非常に学習しやすい言語であることにすぐ気づきます。しかし、これは不思議なことでは全くありません。イギリスとフランスは英仏海峡をはさんで隣り合った国同士ですが、1066 年にノルマンディー公ウィリアムがイギリスを征服したことが契機になって、イギリスの宮廷ではフランス語が公用語化し、そのため英語にフランス語の語彙が大量に流入した、という歴史的な経緯がはっきりしているからです。

　このフランス語から英語への影響は、単語レベルにとどまらず、フランス語の熟語を基礎に英語の新たな熟語を構成するようなことも行われました。例えばフランス語の pour（= for）la（= the）première（= first）fois（= time）（はじめて、最初に）をもとに for the first time という英語の熟語を作る、といったようなことです。この現象は翻訳借用と呼ばれます。しかし、これらの翻訳借用も

フランス語から英語への影響の過程が文献で確かめることができます。

　また、例えば日本語と中国語は漢字を使いますが、これは日本語の文字はもともと中国起源だからです。あるいは日本語の「ノート」、「ラジオ」、「コンピュータ」などは英語と似た発音ですが、これらの単語は実際に英語から日本語に入った外来語だからです。中国語と日本語、英語と日本語との間に、このような文字や発音の類似があってもその理由は歴史的にはっきりしており、だれも不思議には思いません。

　しかし、古代ギリシャ語、ラテン語、サンスクリット語はいずれもそれぞれ紀元前の言語ですので、ヨーロッパ文化圏と、遠く離れたインドとの間に人的往来や文化的交流、そしてその結果としての言語的影響関係があったとは考えられないのです。

　ジョーンズは、インドをはじめとするアジア研究のために自ら創設したアジア協会設立3周年を記念して、1786年2月2日にカルカッタで「インド人について」と題する講演を行います。その中で、古代ギリシャ語、ラテン語、サンスクリット語の類似に触れて、「これらの三言語間の語根や文法の類似は偶然のものとは考えられない。これら三言語を研究してみれば、どんな文献学者（philologer）でも、これらは今はもう存在していないある共通の源から分化して生まれた言語であると考えざるをえない。」という当時としてはきわめて大胆な説を披露しました。この時代は言葉の科学はまだ学問として成立していませんでしたので、今日的な言語学者（linguist）という表現ではなく、文献学者という語が使われていることにも注意してください。

第一章　言葉の科学の誕生　　　11

　ジョーンズはあくまで裁判官でしたので、この問題を学問的に
さらに掘り下げてみることはしませんでした。しかし、彼のこの
指摘がきっかけになって、古代ギリシャ語、ラテン語、サンスク
リット語にさらにヨーロッパやアジアのいくつかの言語をも加え
て相互に比較してみよう、という機運が生まれます。この原動力
になったのは、思いもかけなかったところに自らのルーツの一端
を発見した驚きと喜び、また遠い祖先が地球上の広大な範囲にわ
たって活躍していたというヨーロッパ人の自尊の念です。これら
言語間の類似がもし本当のものなら、ラテン語がフランス語、ス
ペイン語、ポルトガル語、イタリア語、ルーマニア語などロマン
ス諸語に方言化し分化していったような過程が、考古学的考察も
遠く及ばないような紀元前数千年前の時代の世界地図上で巨大な
規模で起こっていたということになります。

　古代ギリシャ語、ラテン語、サンスクリット語には文献があり
ますので、それらを通じてその時代の文化、社会制度、歴史につ
いて窺い知ることができます。また文字を分析することにより、
音、語彙、文法などについても、かなりの精度で把握することが
できます。しかし、紀元前数千年前となると、当時の通常の歴史
学の方法論では、民族の移動や拡散の様態についてはほとんど何
もわかりません。この謎がある程度明らかにされたのは、つい最
近のヒト DNA の分析による諸民族の分化過程の研究によってで
す。

　しかしとにかく、古代ギリシャ語、ラテン語、サンスクリット
語などのおおもとの言語があったのであれば、その子音や母音の
発音、語彙や文法の体系はどのようなものだったかを考えてみよ

う、ということになりました。

　分化した諸言語の起源であった言語を祖語と呼ぶことがありますが、ジョーンズが仮定したこの祖語は、ヨーロッパの諸言語およびインドのサンスクリット語の共通の源という意味で、印欧語（indo-european）という呼称を与えられました。トマス・ヤング（1773-1829）という医者でありながら、古典文献学の研究者、かつ光学の分野ではニュートンの光の粒子説に反対して光の波動説を唱えたことで有名なイギリス人の学者がいるのですが、彼が「インド」と「ヨーロッパ」を結びつけた「印欧語」という表現をはじめて用いました。これはすでに19世紀に入った、1814年のことです。

第二章　印欧語

　例えば「父」、「母」、「兄」、「妹」などの親族、「火」、「風」、「雨」などの自然現象、「馬」、「牛」、「鼠」などの動物、「一」、「二」、「三」などの数、「歩く」、「走る」、「食べる」などの基本動作は、私たちの日常生活に密接に結びついたものですが、これらを表す語は基礎語彙といわれます。基礎語彙はふつう言語間で借用されることが少なく、また歴史的にも音の変化の幅が少ないとされます。使われる頻度が非常に高いので、音が固定化されてしまうためです。古代ギリシャ語、ラテン語、サンスクリット語の類似は、先の表1で見たように基礎語彙の間にも多数観察されるものでした。したがって、他言語からの借用の結果とは想定しづらいのです。やはり数千年前から1万年前あたりに地球上のどこかの地域に印欧語なる言語を話していた民族がいて、それが一方でイギリスをも含むヨーロッパに、他方で中央アジア、小アジア、およびイランやインドの方に広がっていったのだ、と考えざるをえなくなりました。

　印欧語が話されていたであろう時代には、まだ文字はありません。そこで、古代ギリシャ語、ラテン語、サンスクリット語などの文字資料をもとに各言語を比較し、印欧語の当時の姿を再現していく必要があります。この新しい研究領域は、比較文法（comparative grammar）と呼ばれることになりました。この研究は、今日でも比較言語学（comparative linguistics）という名称で言語学の一分野を構成しています。

　印欧語系の諸語に限らず、系統を同じくする言語を比較してそ

の起源について考察していくのが比較言語学で、日本語と英語の
ように系統が異なる、あるいは系統関係が不明な言語を比較する
のは対照言語学（contrastive linguistics）と呼ばれ、この二つの研
究は通常は区別されて考えられています。ただし、英語とドイツ
語はやはり印欧語を起源とするゲルマン語が方言的に分化したも
のですが、両言語を現代語としてだけ比較するのであれば、対照
言語学的研究ということになります。

　ところで、比較文法の研究は、言葉の起源や働きについて漠然
とさまざまな想像をめぐらするようなものでは全くなく、また人
間にとって言葉とは何か、と哲学的に考えるようなものでもなく、
後述するように厳密な理詰めの方法論を特徴とするものです。し
たがって19世紀には、自然科学的な研究と考えられていました。
現代風に説明すると、大学の文学部ではなくて、理学部で教えら
れる科目のような、そのなかでも特に数学に近いような思考の働
かせ方をする研究です。

　それまでは、言葉はとらえどころのない曖昧なもので、厳密に
扱おうとしてもうまくいかず、数学、生物学、物理学、天文学な
どと同レベルの研究対象にはとうていなりえないと考えられてい
ました。したがって、精密な定式化が可能というのは、当時の常
識からは、全く予想外のことだったのです。いずれにせよ、そう
した研究が比較文法と呼ばれる言葉の科学の最初の姿です。

　古代ギリシャ語やラテン語の古い文献を扱う古典文献学は、紀
元前からの非常に古い伝統をもっています。比較文法の研究も、
依拠するのはこうした古典的資料です。しかしその関心は、各写
本間の異同や文献の成立過程、またそれらの文献を通じて明らか

にされる歴史的・文化的な側面では全くなくて、もっぱらその言語的な姿です。つまり比較文法は、言語間の比較による印欧語の再構という目標を掲げて古典文献学から独立した新たな研究領域だったのです。

　古代ギリシャ語、ラテン語、サンスクリット語のみならず、ロシア語やポーランド語の起源であるスラブ語、また英語、ドイツ語、ノルウェー語、オランダ語、デンマーク語などの起源であるゲルマン語、さらに後述する20世紀になってからその存在が発見されたヒッタイト王国の言語、ヒッタイト語なども、印欧語系であることが明らかにされました。ここで印欧語系の主だった言語の系統関係をまとめると、図1のようになります。

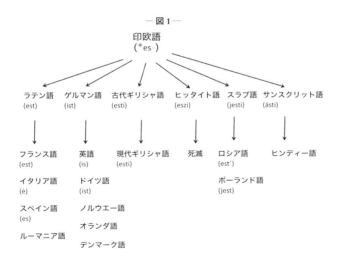

　発音も単語の意味も文法も時代とともに変化していくのが常で

すが、先に述べたように、日常生活で頻繁に用いられる基礎語彙と呼ばれる一群の語は、その使用頻度の高さのために変化に抵抗することが知られています。基礎語彙の中で最も基本的とも考えられる、英語の be 動詞の意味にあたる三人称単数形が印欧語系の各言語でどうなっているか図 1 の中に示してみました。

サンスクリット語 ásti、古代ギリシャ語 estí、ラテン語 est、スラブ語 jesti、ゲルマン語 ist、ヒッタイト語 eszi となります。フランス語の est、英語の is、ドイツ語の ist もこの系譜を引くものですが、これらの起源として印欧語に「存在」を意味する *es- という語根があったと仮定されています。「*」のマークは、その語形が諸言語の比較からの推定形であるということを意味します。数千年の時を隔てて、気の遠くなるような世代の移り変わりを経て、印欧語の *es- の［s］の音が、英語の is やドイツ語の ist、またフランス語の est に音や綴りとして現代に至るまで保たれてきました。

ところで、比較文法の世界にはどのような研究者がいたのでしょうか。19 世紀初頭から中頃までに活躍した有名な学者として、シュレーゲル（1772-1829）、グリム（1785-1863）、ラスク（1787-1832）、ボップ（1791-1868）、シュライヒュアー（1821-1868）などを挙げることができます。ほぼ全員がドイツ人の中で、ラスクだけがデンマーク人です。しかしこのラスクは、その後の比較文法の発展にとって最も重要な発見をしました。それは、同じ源から分かれてきた言語の間には必ず「文字の対応関係」が見られる、というものです。例えば彼は、古代ギリシャ語とラテン語と

第二章　印欧語

の間に表 2 のような対応関係を指摘しました。

— **表 2** —

	古代ギリシャ語	ラテン語
名声	phémē	fāma
母親	métēr	māter
ブナの木	phēgós	fāgus
杭	pēlós	pālus

　古代ギリシャ語で ē になっている音がラテン語では全て ā になっています。同様に、古代ギリシャ語とデンマーク語の起源である古スカンジナヴィア語との間にも、d と t、g と k、th と d などのような対応を見出して、彼はデンマーク語は結局、印欧系の言語であると結論づけました。

　しかし、どうしてこのようなことが起こるのでしょうか。

　言葉を時間軸上で観察した場合に、一般的に、同じ言語を話していた地域の一部で、ある音 x がそっくり y に変化するという現象が生じるのです。例えば図 2 のように、ある同じ言語が話されている地帯があったとします。しかし次の時代になると、その一部の地域で例えば音 [p] が例えば [h] に置き換わってしまうのです。また、一部の集団が元の居住地を離れて他の地方に移動したりすると、この種の音の変化が起こりやすくなります。

— **図 2** —

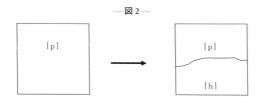

通常この種の変化は長い時間をかけて少しづつ行われますので、話し手は音の変化が進行中であることにふつう気づきません。しかし何百年後には、例えば［p］から［h］へと、はっきり別の音になってしまうのです。

　ある音xがyに変わる場合、特定の単語でのみこれが起こるということではなくて、原則としてその音を含む全ての単語にこの変化が生じます。また不思議といえば不思議なことですが、この変化は音の世界だけで完結しており、意味や文法には無関係です。したがって結果的に、動詞の語尾の活用体系など文法を支えている重要な部分が、この種の音変化によって破壊されてしまうこともあります。

　日本語でも、東京語と鹿児島県の喜界島方言では、表3のようなhとpの対応が見られますが、これは標準語がpをhに変化させてしまったのに対し、喜界島方言はもとのpを保っていることに原因があります。

— 表3 —

	東京語	喜界島方言
「葉」	ha	pa
「冬」	huyu	puyu
「箱」	hako	paku
「日」	hi	pi
「肘」	hizi	pizi
「羽」	hane	pani

　音の変化が次々に積み重ねられていくと、一つの言語だったものがやがてはAとBという二つの方言に分かれてしまうことに

なります。この段階では、Aの地域の人もBの地域の人も同じ言語を話しているという自覚はありますが、前者は後者の地域の発音が少しなまっているように感じるでしょう。しかし後者の人にとっては、むしろ前者の地域の発音が少しおかしいような気がしているはずです。両地域間に、政治的あるいは経済的な格差があった場合は、上位にある地域の方言は標準語に格上げされる可能性が高く、下位にある地域の言葉は方言のままにとどまります。この場合、標準語を話す人は自らの言葉に誇りをもち、方言を話す人はコンプレックスを抱く、ということも起こりえます。本質的には単なる違いに過ぎないのですが、政治的あるいは経済的などの言語外的要因が言葉に優劣を付与し、その優劣が話し手個人の中で内面化されてしまうのです。

　言語の分化がさらに進むと、両地域の人々の意思疎通は難しくなってしまい、同じ言語を話しているという意識も希薄になっていきます。こうなれば、AとBは方言ではなく別々の言語である、とみなされるようになります。先に述べましたが、ラテン語からフランス語、スペイン語、ポルトガル語、イタリア語、ルーマニア語などのロマンス諸語に、またゲルマン語から英語、ドイツ語、ノルウエー語、オランダ語、デンマーク語などのゲルマン諸語への分化がこれです。

　ラテン語からロマンス諸語への変化のように、各段階に文字資料が残されている場合は、言語の枝分かれの過程をかなり詳細に跡づけることができます。しかしこの種の分化が、文字がなく、考古学的な遺物ももはや残されていないほどの古い時代に起こったとしたらどうでしょうか。目の前には複数の言語の現在の姿が

あるだけで、それらの間に類縁関係があるのかどうかはわからないことになります。

　例えば紀元前1世紀にペルシャ戦争を戦ったギリシャ人たちは、ペルシャ人たちのことを、耳障りなわけのわからない言葉を喋る奴らという意味でバルバロイと呼び、この語は英語にも入ってbarbarian（野蛮人）の語源にもなりましたが、実はペルシャ語はサンスクリット語に最も近く、もともとはギリシャ語と同じ印欧語系なのです。当時のギリシャ人たちは、自らの母国語と敵の言語がこのような関係にあるとは思いもしなかったでしょう。

　文字資料がなく、歴史的あるいは考古学的にはっきりしたデータもない場合、言語間の系統関係の有無の判定は、音の対応を手がかりにするしかありません。ラスクはこの重要な点に比較文法の研究者で最初に気づいたのです。ラスクの指摘した「文字の対応関係」はやがて「音韻対応」と呼ばれるようになり、比較文法の最も重要な原理とみなされるようになりました。この音韻対応は、現代でも言語の系統関係の最も信頼できる指標と考えられています。

　音の変化に強固に抵抗する基礎語彙を別とすれば、一般の語彙は複数の音変化を同時に受けますので、もとは同じ語だったとしても分化した二つの言語においては結果的に似ても似つかない形態になってしまうことも多いのです。したがって、ある二言語間で同じ概念を表す語の発音が似ているとしても、このことは両言語が同系統であることの証拠には全くなりません。音が似ている場合は、むしろ借用された外来語である可能性の方が高いのです。

　先の表2に挙げた古代ギリシャ語ēとラテン語āの音韻対応は、

ラテン語の方が印欧語の ā をそのまま保った一方で、古代ギリシャ語ではこれを ē に変えてしまった結果です。ただ古代ギリシャ語といっても方言差があり、印欧語の ā を ē に変えてしまったのはアテネなどを中心とする方言で、スパルタのギリシャ語はラテン語同様に印欧語の ā をそのまま継承しています。ラスクの時代には、ギリシャ語アテネ方言 ē とラテン語 ā のどちらが印欧語に近いのかは、まだ不明のままでした。

さて、この比較文法という研究分野が最も発展したのが、19世紀後半のドイツで、特にライプチッヒ大学のクルチウス先生（1820-1885）のもとに集ったブルークマン（1849-1919）、オストホッフ（1847-1909）をはじめとする青年文法学派と称される研究者たちが活躍した時代においてでした。彼らの関心の中心は、印欧語の音の体系を再構成することでした。実際に、印欧語の子音や母音の体系、そこから印欧語系各言語への音の変化の主要部分がこの時代に解明されています。

規則的な音の変化は、自然科学にならって音法則と呼ばれ、発見者の名前が冠せられました。最も有名なのはゲルマン語第一次音韻推移、つまり印欧語からゲルマン語への子音の体系的変化を記述したいわゆるグリムの法則ですが、この例外をアクセントとの観点から解明したヴェルネルの法則、古代ギリシャ語やサンスクリット語の帯気音（dh、bh、gh のように気音 h を伴う音）の気音の消失を説明することに成功したグラースマンの法則、他にもレスキンの法則、ワッケルナーゲルの法則、シュトライトベルクの法則など次々に音変化の規則性が発見されていきました。次章で扱うスイスの言語学者ソシュールも、印欧諸語の一つである

リトアニア語で音変化の規則を発見しましたが、これはソシュールの法則と呼ばれています。

　実際には一言語内において複数の音変化が同時に進行します。またもちろん、原則からの例外もあります。隣接した地域の言語間では語の借用も行われますが、ある語が借用かその言語にもとからあった語かの判定が難しい場合もあります。また、音変化に影響を与えるアクセントの位置への考慮も必要になりますが、ラテン語がそうであるようにアクセントを文字化しなかった言語も多いのです。したがって複数の言語から音韻対応を抽出し、印欧語からの音変化の過程を跡づけていくのは容易な作業ではありません。比較文法が、古典文献学と同一の文字資料を用いる一方で、理系的な、数学的といってもよいような緻密な方法論を特徴とする研究であると述べた理由が、少しもおわかりいただけたのではないでしょうか。

　ところで、だれもが興味を惹かれるのは、世界地図上でこれほど広範な領土をわがものとしたこの印欧民族なるものは、いったい地球上のどこにもともと住んでいたのだろう、ということではないでしょうか。しかし残念ながら、比較文法の発展にも拘わらず印欧語を話した民族が活躍していた時代と地域については、いまだに確かなことがわかっていないのです。

　年代については、例えば次のようなことを手がかりにして推測が行われました。同一概念を指し示す印欧諸語の各単語を比較すると、一つの共通の語源に収斂しそうな場合と、各言語でバラバラなものとがあります。例えば「石」については印欧語に *akmen-

という語形が推定されますが、これは「台」をも意味します。また、この語形は *ak–「鋭い」からの派生語でもあります。他方、「鉄」については共通の語源に遡れません。このことから、印欧語が話されていた時代には石を研いで種々の道具を作っていたが、鉄を精錬する技術はまだなかったということになります。つまり、彼らが活躍していた時代は新石器時代の段階には入っていたが、それ以降ではなかった、ということが少なくともわかります。しかし、年代についてそれ以上のことは不明です。

　また、いずれも「馬」を意味するギリシャ語 híppos、ラテン語 equus、サンスクリット語 açva–から *ekwos という印欧語の語形が推定されますが、これは印欧民族は馬と関わりが深く、おそらく騎馬民族であったことを示唆するものです。馬を操るのであれば、当然ながら活動範囲は広くなります。印欧語系の言語がヨーロッパ、アジア、インドという地球上のきわめて広範囲で話されることになったのは、このためでしょう。しかし、印欧民族の故地については、黒海の東側のクバン川流域という有力な仮説もありますが、いまだ定説がありません。

第二部
ソシュール

第三章　喉頭音の発見

　青年文法学派が活躍した時代のライプチッヒ大学に、スイスの
ジュネーヴ出身のフェルディナン・ド・ソシュール（Ferdinand
De Saussure, 1857–1913）という学生が留学していました。彼は地
元の高校を卒業後に、神学校を前身に総合大学として新設された
ばかりのジュネーヴ大学で化学を学んでいたのですが、どうして
も比較文法を勉強したくて、1876 年 10 月についにライプチッヒ
にやって来たのです。この時、まだ 18 歳でした。

　ソシュール少年は当時から学者志望ではあったかもしれません
が、自分がやがて比較文法の方法論を批判し、言葉の全くあらた
な研究手法を確立する、そして自らの著作が 20 世紀言語学のバ
イブル的な存在になる、などとは考えてもみなかったでしょう。
比較文法の領域で、いずれはドイツの学者たちのように自分の名
前が冠せられた音法則の一つでも発見できれば、という慎ましい
希望はもっていたかもしれませんが。しかしソシュールの言語思
想は、彼の死後に当人の意図をはるかに超えて、狭い意味での言
葉の研究さえ超えて、人類学、心理学、哲学、文学理論など人文
社会科学全体を巻き込んだ構造主義という方法論に発展していく
ことにもなるのです。

　ソシュールはライプチッヒで勉強した後、ベルリン大学に移り、
その後はパリの高等研究院という大学院大学の講師になります。
そして、1891 年 34 歳の時に故郷に戻って、ジュネーブ大学の先
生になります。このジュネーヴ大学での講義をもとに、彼の著書
である『一般言語学講義』（1916）が生まれることになりました。

この本の出版の経緯については後で述べることにして、この章では若き日のソシュールとその当時の比較文法に戻り、もう少し説明を続けることにします。

ライブチッヒに到着早々、ソシュールはまだ 20 代の新進気鋭の講師であったヒュプシュマン（1848-1908）の古ペルシャ語の講義に魅了されました。尊敬する先生の自宅にまで訪ねて行ったある日、「君は夏休みに出たブルークマンのあの論文をもう読んだかね？」といきなり尋ねられましたが、その時点でソシュールはブルークマンの名前さえ知りませんでした。しかし、「ブルークマンの仮説は、ギリシャ語の a の中には、印欧語の n 起源のものがあるという内容で、今、比較文法の研究者間で白熱した議論の的になっている。」と聞かされて、自分の耳を疑います。なぜなら、それは彼にとってずっと前から既知のことだったからです。

中学校のギリシャ語の授業でホメロスの文献を読まされていた時に、彼はギリシャ語のある種の a はもとは n だったと仮定すると動詞の語尾変化が整然と説明できることに気づきます。しかし、中学生の自分が考えるくらいのことなので、当然こんなことは比較文法の常識になっているものと思い込んでしまっていたのです。

その年には、オストホッフも印欧語の r がギリシャ語で前後に母音を生じさせて ra や ar になるという説を唱えていました。このブルークマンやオストホッフの仮説は、それぞれ鼻音ソナント仮説、流音ソナント仮説と呼ばれますが、ソナントとは子音でありながら母音のように音節を担うことができる音、という意味です。これらの仮説が正しいとすれば、印欧語では n や r に母音と

第三章　喉頭音の発見　29

同じように音節を担う働きがあり、またこれゆえに n や r がギリシャ語で母音に変化したり、前後に母音を生じさせることになった、ということになるのです。

　しかし、当時の常識では母音と子音は全くの別範疇と見なされていましたので、子音が音節を担ったり、さらには母音に変わったなどという仮説は、彼らの師であるクルティウスにはとうてい認め難いことでした。他方、クルティウスの弟子たちは、むしろこのブルークマンやオストホッフのソナント説を支持して、結果的に先生のクルティウスと対立してしまうことになってしまいました。

　19 世紀末にライプチッヒ大学で活躍した比較文法の若手研究者たちを意味する「青年文法学派（ドイツ語：Junggrammatiker）」という呼称は、もともとは、その日本語訳の語感が与えるような新進気鋭の学者たちという意味ではけっしてなく、「徒党を組んで大先生に反抗した若くて未熟な言語学者たち」のニュアンスで、ライプチッヒ大学の権威的な教授たちが彼らに批判を込めて命名したものでした。この師弟の対立は、学問上の問題を超えて、学内である種スキャンダルめいた扱いを受けることになったようです。

　まだ少年だった頃のソシュールには比較文法の素養も、サンスクリット語などの知識も当然ながらありませんでした。しかし当時の文法学者たちに大きな波乱を巻き起こしたこの鼻音ソナントについて、中学生にしてすでにその存在に気づいていたというのは、やはり彼の資質の一面を象徴するもののように思われます。

　なぜなら、比較文法研究者としてのソシュールの手法の基本は、

複数言語間の比較や任意の言語の時間軸上の変化の分析にいきなりいくのではなく、ある一時代の一言語の仕組みを注意深く観察し、そこから隠れた規則性を発見していくものだからです。一時代の一言語内部の分析を通してその言語の以前の状態を復元していくこのソシュール的方法論は、内的再構と呼ばれることがあります。次に述べる、印欧語の母音組織に関するソシュールの大発見も、やはりこのやり方に依拠したものでした。

　古代ギリシャ語、ラテン語、ゲルマン語、サンスクリット語の間には、表4のような母音の対応関係がありました。

― 表4 ―

古代ギリシャ語	ラテン語	ゲルマン語	サンスクリット語
e	e	e	a
o	o	a	a
a	a	a	a

つまり、ギリシャ語、ラテン語のe、o、aのうち、o、aに対してゲルマン語ではa、サンスクリット語では三母音すべてに対してaで応じます。初期の比較文法では、サンスクリット語こそが印欧語に最も近い言語であるとみなされていたこともあり、この対応関係については、印欧語のaの一部が古代ギリシャ語、ラテン語、ゲルマン語でまずeになり、ゲルマン語はその段階にとどまったが、古代ギリシャ語、ラテン語ではさらに分化が進行し、残ったaの一部が今度はoになった、他方サンスクリット語では印欧語のaがそのまま保たれた、と考えられていました。

　しかし後に、むしろ古代ギリシャ語、ラテン語の方が印欧語の

第三章　喉頭音の発見　　　31

母音体系を反映するもので、ゲルマン語でoはaに、サンスクリット語ではe、oの両母音もaに変わってしまったのだ、ということが判明しました。

　これがわかったのは、子音kⁿの口蓋化という現象によってです。表5をご覧ください。例えばラテン語のqu［kʷ］に対して、なぜかサンスクリット語ではk［k］とc［tʃ］といった異なった子音で対応しています。

—表5—

ラテン語	サンスクリット語	印欧語
quo-［kʷo］（= what）	ka-［ka］	*kʷo
-que［kʷe］（= and）	ca［tʃa］	*kʷe

　［kʷ］の音を含む各言語の語形を対照してみると、サンスクリット語でc［tʃ］になっているのは、ラテン語やギリシャ語でeなどの発音時に舌の前部が盛り上がる母音が後続する時であることがわかりました。そこでこの対応関係をうまく説明するためには、サンスクリット語内部で以下の変化過程を想定する必要が出てきました。まずk［kʷ］が後続するeの音に影響され舌の前部が盛り上がるc［tʃ］に変わった、k［kʷ］は［ʷ］を消失させ、［k］の音になった、ついでeもoもaになってしまった、というものです。つまり、母音の音色の変化はサンスクリット語に起こったのであり、古代ギリシャ語やラテン語の母音体系の方はむしろ印欧語の状態を反映するものだったのです。

　ところで、印欧語のeとoは相互に独立したものではなく、以下に述べるような特殊な関係にあることもわかってきました。

英語の do（現在形）- did（過去形）- done（過去分詞）、write（現在形）- wrote（過去形）- written（過去分詞）のような変化の場合に、語幹の母音が入れ替わりますが、文法的機能や品詞の変化に応じて母音が変化するこのような現象は母音交替と呼ばれ、さまざまな言語に広く観察されます。印欧語の e と o も、このような交替を示すのです。

例えば古代ギリシャ語で「私は説得する」は、PEÍthō（現在形）- pépOItha（現在完了形）- épIton（アオリスト過去形）となります。わかりやすいように語根の部分を大文字にしましたが、PEI - POI - PI ですので、「e - o - ø」（ø は音がないことを表す記号）の母音交替であることがわかります。父親を意味する英語の father やフランス語の père は印欧語の *pəter- に遡りますが、ギリシャ語で páTER（父よ）- apáTORes（父のない、複数形）- paTRós（父の）のように、やはり同種の母音交替が観察されます。また、古代ギリシャ語 LÉGō「私はいう」- LÓGos「言葉」、ラテン語 TEGō「私は覆う」- TOGa「覆うもの、トガ（ローマ人の服）」なども、e と o の母音交替の例です。

ところで、古代ギリシャ語、ラテン語、サンスクリット語の間には、表6のような母音の対応関係があることも、青年文法学派の研究者たちに指摘されていました。

―表6―

古代ギリシャ語	ラテン語	サンスクリット語
ē ō ā	ē ō ā	ā
e o a	a	i

つまり、各言語において上の欄の長母音と下の欄の短母音が交替するのですが、この交替関係において、ラテン語では一種類の短母音 a のみで応じます。しかし、古代ギリシャ語では e、o、a の三種類の短母音が現れるのです。なお、サンスクリット語ではより単純に、長母音 ā と短母音 i との交替になります。

　古代ギリシャ語の具体例としては、現在形と動形容詞で、tíTHĒmi「私は置く」- THEtós「置かれた」、híSTĀmi「私は立つ」- STAtós「立った」、díDŌmi - DOtós「与えられた」のようなものがこれにあたります。

　しかし、これらの短母音は長母音からの影響でギリシャ語内部で三種類に分化したに過ぎず、印欧語の段階では一つの母音であったに違いないとされました。つまり、もともと ē、ō、ā と ə（弱い曖昧母音）のような母音交替があったが、ē、ō、ā はサンスクリット語ではすべて ā になり、ə はサンスクリット語では i、ラテン語では a になった。ギリシャ語でだけは例外的に、長母音の音色に影響され、それぞれの長母音に対応する短母音 e、o、a に変化した、という考え方です。

　青年文法学派の分析はこの段階にとどまりました。しかしソシュールは、この第二の母音交替について、当時としてはきわめて大胆な仮説を構想します。

　さまざまな語形のデータを付き合わせてみると、この第二の母音交替は第一の母音交替（e - o - ø）とけっして無縁ではなく、各長母音は現在形の動詞語根など通常は e が予想されるところに出てきて、ə は動形容詞など ø が予想されるところに出てくるのです。ここから彼は、次のような結論に至りました。

印欧語の古い段階に、未知の子音 A、O（子音ですが、便宜的に彼は母音の大文字で表しました）があった。次の時代に、これらの子音の前に e があった場合は、母音と子音は融合し eA → ē あるいは ā、eO → ō という長母音に変化した。前後に母音がない時は自らが A → e あるいは a、O → o という短母音になった。この状態がそのまま古代ギリシャ語でだけ保たれた。こう仮定すれば、長母音と短母音の母音交替は、印欧語レベルでは eA‐A、eO‐O ということになりますので、ここでは e と ø と母音交替が働いているに過ぎないことになります。つまり、第二の母音交替なるものははじめからなかった、ということになります。

確かにこう考えると、第一の母音交替と第二の母音交替との平行性、またギリシャ語における複数の短母音の存在についても、うまく説明ができます。未知の子音 A、O にさらに E を加えて、eE → ē をも仮定した方が説明としてはより徹底しているのではないか、Ae、Oe、Ee のように母音に前置した場合はどうなるのか、など考察に不足の部分もありますが、ソシュールはこの画期的な仮説を、わずか 21 歳で『印欧諸語原母音体系に関する覚え書き』（1878）という著作にして出版します。

しかし、この説の最大の難点は、A、O は純粋な理論的要請にすぎず、単独の子音の形ではその当時知られていた印欧語系のどの言語にも確認されないということでした。したがって、実証を重んじる当時の比較文法の風潮もあって、ヒルト（1865-1936）などごく一部の研究者からの評価をのぞいて、無視される結果となってしまいました。

ところが、話はここでは終わりません。20 世紀に入ってトル

コの首都のアンカラの近くのボガズキョイというところで、楔形
の文字が刻まれた粘土版が多数発見されるという考古学上の大事
件が起りました。その後この文字の解読や研究の結果、紀元前
1800 年から 1200 年のあたりの小アジアにヒッタイト王国なるも
のが存在し、この文字はその国の言語で、印欧語系であることも
わかりました。旧約聖書に言及があり、わずかに語り継がれてい
たに過ぎないヒッタイト国の伝説が実在のものだったことが明ら
かになったのです。

（楔形文字の例）

Daniels Bright（1996）：*The World's Writing Systems*, Oxford University Press, Oxford, p. 69.

　幸運にもボガズキョイの発掘場所は、王様の文書庫だったよう
です。この楔形文字で記された言語資料は最古のものは紀元前
16 世紀にまで遡れますので、印欧語系の言語の中では最も時代
の古い文献ということになります。したがって、印欧語のもとの
姿を保っている点も多いと考えられるのですが、驚くべきことは、
ラテン語 mētirī（（時間などを）計る）に対する mehur（時間）（印
欧語根 *meA-（時間））、ラテン語 pāstor（羊飼い）に対する pahs-
（守る）（印欧語根 *peAs-（守る））などのように、他言語の長母
音に -eh- や -ah-（印欧語 *-eA-）で応じる対応が確認されたこと
です。また、この h の音も複数種類あることが後にわかりました。
つまり、ソシュールが仮定した未知の子音がヒッタイト語に文字

として記録されていたことになります。これは、若き日の彼が仮定したとおり、印欧諸語の長母音はやはり短母音と未知の子音 A あるいは O が融合してできたものであったことを示す強力な証拠となりました。それ以降、この子音は喉頭音と呼ばれ、印欧語比較文法においてこの仮説の立場からの研究成果が次々に発表されることになりました。

ところで、この言語が印欧語系であることが証明されたのは正確には 1917 年、チェコスロバキアの学者フロズニー（1879–1952）によってですので、ソシュールの没後ということになります。しかし、ボガズキョイの最初の発掘は 1906 年で、ソシュールはジュネーブ大学でそれまで担当してきた「比較文法」に加えて、「一般言語学」と題する新しい講義を開始する直前です。ボガズキョイ発掘と楔形文字が刻み込まれた大量の粘土板発見のニュースは、当然ながら彼のもとにも届いていたはずです。

私はこの頃の彼の「比較文法」の講義について非常な興味をもって、彼の講義に出ていた学生の手書きのノート原稿を直接に調べてみたことがあります。しかし結果は全く意外なものでした。ヒッタイト語の発見に何も言及がないどころか、印欧語の母音交替についても、e – o – ø の母音交替と長母音と短母音の母音交替の二種類があることを述べているだけで、若き日の自分の喉頭音の仮説にすら触れていないのです。

ソシュールがヒッタイト語に無関心だった理由は、発見はされたものの当時はまだ印欧語系かどうかはっきりしなかったため、また喉頭音の自説に触れないのは、研究者よりも教育者としての立場を優先し、よりオーソドックスな比較文法の定説を教授すべ

き、と考えたため、とも解釈できます。しかし、平行して担当していた「一般言語学講義」は、次節で詳説しますが、教育的側面に配慮したとはとても思えない当時としては全く独創的な内容なのです。したがって、この時期のソシュールの関心はすでに比較文法を離れ、「一般言語学」理論の構築という新たな関心の方へ向っていたと考えざるをえないのではないでしょうか。

彼は学生時代を回想した手稿を残しています。この中で、前述した『印欧諸語原母音体系に関する覚え書き』という若き日の自著で、鼻音ソナントの発見を公的な発見者とされたブルークマンに譲らざるをえなかった悔しさについて、述べています。しかし今日的な観点からは、喉頭音の仮説は鼻音ソナントの発見とは比較にならないほど価値の高い功績です。もし、ヒッタイト語が印欧語系であることがはっきり立証される 1917 年までソシュールが存命であったとしたらどうだったでしょうか。確たる証拠を手にして、比較文法の研究にまた復帰していたかもしれません。あるいは、当人自身が比較文法への熱意をもはや失っていたとしても、喉頭音の最初の発見者として周囲から祭り上げられることになったかもしれません。いずれにせよ、ソシュールの人生の跡を辿ってみると、種々の偶然を操り人を翻弄する大きな運命のいたずらを感じないわけにはいきません。

第四章　『一般言語学講義』

　比較文法によって、音の変化は原則的に全ての語を巻き込んで数百年単位で進行する規則的な過程であることが明らかになりました。この変化は、通常は自然科学の用語である法則という表現を用いて、音法則と名づけられました。また、青年文法学派の研究の中心もこれら音法則の発見にありました。

　ところで、これとは別種の音の変化があることをお話ししなければなりません。音の変化には、以下のような、音法則的な概念では説明のつかないものがあるからです。

　英語の help の古い過去形の形である holp は helped に変わりました。snow の古い過去形の snew は snowed になりました。また old の比較級 elder は older になりました。このような音の変化は、青年文法学派的な音法則では説明ができません。なぜなら例えば、holp → helped に見られるような語中で o が e になり、同時に語末に ed がつくような音変化が同時期の他の語に観察されないからです。snew → snowed や elder → older についても同様です。

　しかし、なぜこのような変化が起きたのか、理由は言語学者ならずともだれでもすぐにわかるのではないでしょうか。つまり、不規則形を嫌って規則形に単に統一したというだけです。older の場合も、eld- という特殊な語幹を比較級でだけわざわざ使いたくない、ということでしょう。

　日本語で、若者を中心に広がっているとされる「見れる」、「出れる」、「着れる」などのいわゆる「ら抜き言葉」がありますが、ここにも同じ原理が働いています。本来は「見られる」、「出られ

る」、「着られる」だったものが、別種の活用体系である「切る／切れる」、「話す／話せる」、「進む／進める」、「解く／解ける」から影響されて、「ら」のないより短い形を作ってしまった、ということです。

このような他の形に影響されて生じる変化は、類推変化と呼ばれます。英語の勉強を始めたばかりの中学生やアメリカ人の子供が go の過去形を went ではなく goed、foot の複数形を feet ではなく foots、と言ってしまったりする時にも、同じ原理が働いています。

この類推は、一単語内の発音の変化だけにとどまりません。例えば、店などで「カレー一枚」、「しゃぶしゃぶ、もう一枚」などの表現もよく聞きます。「一皿」というべきところを「皿＝薄いもの」という判断から「枚」を使ってしまうものと思われますが、これも類推です。

巻末の参考文献にも挙げた北原保雄監修『問題な日本語』には、類推によるあらたな動詞や形容詞の形成について、愉快で興味深い例がたくさん挙げられています。例えば、マクドナルドに行くことを、「マクる」というのが関東風で、「マクドる」というのが関西風らしいのですが、本当でしょうか。ほかにも、セブン・イレブンにいくことを「セブる」、パソコンを使用することを「パソる」、タクシーに乗ることを「タクる」、などなどです。「−る」をつけて、あらたな動詞を作っているわけです。

類推形のほとんどは、いちおう意味はわかるがその場限りの誤った言い方という扱いで終わってしまうでしょう。笑われたり、場合によっては先生や目上の人から怒られたりするかもしれませ

ん。しかし、運よくみんなの使うところとなった場合は、もはや誤用ではなく、新しい形として受け入れられることになります。この形がすっかり定着すれば、もとの語形は古くさい表現とみなされるようになります。ここで働いているのは、本質的に正しいかどうかではなく、みんなが使うようになるかどうか、という原理だけです。受け入れられたものが、正式な用法となります。

よく「言葉の乱れを」を嘆く人がいます。この基本には、発音や語の選び方にはどこかに完璧に正しい決まりがあって、しかし現実には残念ながらそれから外れる誤った使い方がされている、という考え方があるのではないでしょうか。また、言葉は崩れていく一方だ、という主張がなされる場合もあります。しかしもし本当にそうならば、言葉としての長い歴史を経てきた日本語も英語も中国語も、現代語はどれも乱れに乱れ果てて、発音も文法も崩れ、語彙は卑俗なものだけになり、今やとうていコミュニケーションの役に立たない代物にまで落ちぶれてしまっているはずです。

言葉は、発音、意味、文法などいずれの面においても時代とともに変化していくものです。例えば、比較文法の考察対象になったような音変化が、文法的機能を担う語尾部分を襲った場合は、その文法を崩壊させてしまうことになります。しかし、心配はいりません。その文法はまた別の形で表現されることになるからです。あるいは、整理が進み、その文法範疇なしでやっていくことになる場合もあります。変化の過程で合理的単純化が進む部分もあれば、逆に複雑化する部分もあるのです。したがって、言葉は古ければ古いほど立派である、ということもなければ、時代とと

もに進歩していく、ということもないのです。また、どの時代の言葉の状態が最も正しいということもいえないのです。

　方言についても同じことがいえます。よく方言を標準語の崩れたもの、と考えている人がいますが、これは間違っています。方言はそれ自体で独自の仕組みをもっています。方言の方が、より複雑な文法やニュアンスに富んだ語彙の体系をもっていることも多いのです。数ある方言の中で、内在的な価値によってではなく、もっぱら政治的あるいは経済的理由で採用されたものが、その国の標準語となります。したがって、純粋に言葉として考えた場合は方言と標準語の間に優劣の差はないのです。

　さて、類推変化の話に戻りたいと思います。青年文法学派は音変化の規則性と完璧性を主張し、言語の変化には自然科学的法則に近い力が働いていると考えていました。しかし、類推による音の変化は音法則の概念では説明できません。他方で、この変化もまたはっきりとした原理にのっとっており、例外的かつ散発的現象とはいえないのです。そこで彼らは、これらの例を説明するために類推という概念をあらたに導入せざるをえなかったのです。

　音変化と類推変化は、その表面的現れだけを見れば、いずれも音の変化にすぎませんが、それを引き起こす原理は全く異なっています。前者の方は、時間軸に沿って生じる発音の機械的な変化ですが、後者の方は、話す人間の頭の中にある言葉の仕組みが基礎になって引き起こされます。類推変化を生みだすのは、話し手の言語意識、つまり心なのです。

　もっぱら音法則の発見に邁進していた比較文法においては、言

葉と心は結びつけて考えられていませんでした。言葉は本来的には人間の心が生み出す働きのはずなのですが、この単純な事実が無視されたままだったのです。したがって、やっとここで話す人間の意識への関心が生まれたことは、言葉の科学にとって画期的なことでした。

　青年文法学派の一人であるヘルマン・パウル（Hermann Paul, 1846-1921）という人が『言語史原理』（1880）という本を書いています。これは音法則の発見を主たる使命とする比較文法の方法論を解説したものでありながら、類推変化に数十ページをあてており、「個々の語はお互いに引き合って、心（ドイツ語：Seele）の中で、大小さまざまの集団を作る。」ということを述べています。ここで、「心」という表現が具体的に出てきていることにご注意ください。このように、類推の概念がきっかけになって、言葉と心の関係にはじめて関心が向きはじめたのです。

　この新概念に最も注目したのがソシュールでした。この章の冒頭で述べたように、ソシュールは1891年に故郷の地のジュネーヴ大学に戻って、先生になります。当初は比較文法や、古代ギリシャ語、ラテン語、ゲルマン諸語、サンスクリット語、古ドイツ語などを教えていましたが、1907年に半年間、1908-1909年、1910-1911年にそれぞれ1年間「一般言語学講義」と題された授業を行います。これら隔年で講じられた計3回の講義の内容は、各年度ごとにかなり異なったものでした。比較してみると、第一回目は古代ギリシャ語、ラテン語、サンスクリット語、ゲルマン諸語などの例を豊富に用いながら、言葉の歴史的な変化について解説する部分が多く、まだ比較文法的な色彩の濃いものです。し

かし、第二回、第三回になるにつれて、印欧諸語の具体例は少なくなり、そのかわりに図や自ら作った術語が多く出てくるようになります。講義を重ねる度に、ソシュールの関心が印欧語や印欧語系の個別言語の分析よりも言葉の一般的な原理そのものの方に移っていったことがよくわかります。

　しかし、もともとは比較文法の研究者だったソシュールが、何をきっかけにして、この種のテーマに興味をもつことになったのか。どのようにして、やがてはその著書の『一般言語学講義』に結実することになる新しい着想をえたのか、という関心からは、むしろまだ比較文法的傾向の強い第一回講義の方が興味深いのです。

　この講義では、音の変化についてまず比較文法の音法則の概念が解説され、ついでその例外を説明するために類推の概念が提示されます。さらにそれに続いて、「言語は話す人間の意識の中で体系をなしている。」という説明に移行します。「言語の体系」はソシュールの言語観の最も中心的な概念ですが、これは「語をはじめとする個々の言語単位はそれぞれ孤立して存在しているのではなくて、お互いに結びつきあって、心の中でグループを作っている。」という意味です。つまり、このソシュールの考え方は、先に説明した青年文法学派パウルの「個々の語はお互いに引き合って、心の中で、大小さまざまの集団を作る。」と本質的に同じ主張です。ソシュールの体系の概念が、比較文法の類推変化、その中でも特にパウルの言説に発想をえていることは明らかです。

　しかし、もし彼がここにとどまっていたとしたら、ジュネーブ

大学での「一般言語学」講義は類推の重要性を指摘したとしても、結局は単なる比較文法の概説でしかなかったでしょう。また彼の人生も、若い頃だけ才気煥発でその後は鳴かず飛ばずの平凡な大学教授として終わっていたはずです。しかし彼は、類推変化を生み出す源としてのこの体系の概念を出発点にして、独自の理論を構築することに成功しました。比較文法の研究者から、20世紀言語学の創始者へと見事に変貌したのです。

　ソシュールにとって、任意の語は他のさまざまな語と結びつき合いながら、言語意識の中で複雑に絡み合った網の目の一接点として存在することになります。例えば「教育」という名詞があったとすれば、それは図3のように、動詞「教育する」、形容詞「教育的」、名詞「教育者」などの派生語、「訓練」、「授業」、「修行」などの意味の類似した語、「徳育」、「体育」、「飼育」など「育」の部分を共通にする語、「協力」、「脅威」、「強化」などの意味は全く関係ないが、音が似ている語など、と強く結びついています。

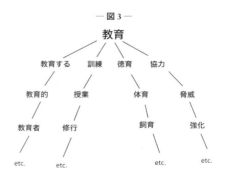

― 図3 ―

ここでは便宜的に単語レベルで説明しましたが、任意の言語を構成する母音や子音、前置詞、冠詞、接続詞などの文法性の高い機能語、あるいはまた時制や人称などの文法項目についても、同様のことがいえるでしょう。つまりこれらの各単位は相互に結びつき、緊密な関係のネットワークを構成していると考えられます。そして、それらの体系が存する場所は、話し手の心の中なのです。

ソシュールにとって言葉は、時間軸上での変化を考察すべき対象というよりも、このように話し手の心の中に置かれるべきものでした。したがって言葉の科学は、何よりも各単位、つまり各言語記号が心の中でどのような関係性を構成しているのか、を考える研究ということになり、心理学でもなければならないのです。実際に、「将来において記号学という新しい研究分野が作られなければならない。そして言語学はこの記号学の一部になり、記号学は心理学の一部にならなければならない。」とソシュールは述べています。彼は講義で失語症などを研究したフランスの心理学者ブローカに言及してもいますが、ここで彼のいう「心理学」はある特定の心理学の流派を意識したものではなく、「言葉は、何よりそれを話す人間の意識という観点から研究されなければならない。」といった程度の意味です。

比較文法にとって、印欧語系の諸言語は、相互に比較して印欧語を再構するための単なる素材にすぎませんでした。しかしソシュールは、今は話す人がいなくなってしまった死語であったとしても、例えばラテン語であればそれが話されていた当時の「ローマ人の語感」から、古代ギリシャ語であればやはりその時代の「ギリシャ人の意識の状態」にもとづいて分析されなければならない、

と考えました。もはや話し手がいなくなってしまった言語についても、当時の言語意識を復元することは可能です。それは、注目する時代を一つに固定し、先に述べたような各項間の関係の網の目の構造を分析するのです。こうした話す人間の意識との関係でとらえられた言葉は、彼によって共時態と呼ばれました。それに対して、比較文法のように時間軸にそった言葉の変化は、通時態とされました。

彼はこの両者の関係を、授業で図4のような木の幹の断面で説明しました。水平の断面が共時態で、垂直の断面が通時態です。垂直の切り口とはまた別に水平の切り口が可能で、この観点から見ると、言葉が全く異なった様相を呈することに、彼は気づいたのです。

― 図4 ―

F. De Saussure (1916): *Cours de linguistique générale*, Payot, Paris, p. 125.

また話し手の意識の中に体系としてある言葉を、ソシュールはラングと呼びました。これに対し、情報を伝える目的で音や文字として具体化された時の言葉はパロールと呼ばれることになりま

した。このソシュールの定義づけは、フランス語の語感にもそったものといえます。なぜなら、もともとフランス語で「ラング」には「（任意の国の）国語」、「言語一般の普遍的本質」といった硬いニュアンスがあるのに対し、「パロール」には「話し言葉」、「せりふ」といったより軟らかいニュアンスがあるからです。

　ラングはまだ潜在的な段階にある言葉ですが、上記の「教育」の例で若干説明したように、各単位が相互に緊密な関係を結んで存在しています。これが、ソシュールの「言語の体系」の概念でした。他方パロールは、コミュニケーションの現場で実際に使われた言葉です。したがってソシュールによって構想されたあらたな言葉の科学は、このパロールを通じてラングの構造を探る研究、ということになります。

　ラングの状態で、各記号（単語、熟語、文法項目など）は音と意味の複合体です。ソシュールはこの時の音の面をシニフィアン、意味の面をシニフィエと呼びました。シニフィアンとはフランス語で「意味するもの」、シニフィエは「意味されるもの」という意味です。そしてこの両者の関係は、「恣意的」であるとされました。「恣意的」とは「必然的」の反対語です。つまり、あるシニフィエがあるシニフィアンによって表現されていることに、絶対的な理由はない、両者の関係は単なる契約と慣習による、ということです。このようなソシュールの記号概念は、図5によって示すことができます。

　例えば「犬」の意味はたまたま［INU］という音で表現されているだけで、絶対にその音で表現されなければならない理由はない、ということになります。確かに「犬」にあたる語は英語でdog、フランス語でchienですので、［INU］という発音は日本語だけの決まりにすぎません。

　この「記号の恣意性」は、ソシュールが提起した最も有名な概念です。第一章の冒頭で、プラトンの対話篇『クラチュロス』の中でクラチュロスは音と意味の結びつきは偶然ではなく必然的関係にあることを主張したと述べましたが、このクラチュロスの説とソシュールの恣意性の概念は、正反対の考え方であることがおわかりいただけると思います。

　しかしこの恣意性という概念で、ソシュールはもう一つ別のことも考えていたようです。音と意味が必然的関係にない、ということだけではなく、言語の体系の構成のされ方にも特に決まったやり方がない、というようなことです。言葉は、日本語であれば日本語なりの、英語であれば英語なりの、それぞれ別々の構造になっていて、どちらが仕組みとしてより適切であるということも

なければ、両者に共通するような普遍的基盤のようなものもない、ということです。

例えば日本語の「思う」を英語に訳す場合を考えてみてください。文脈上のニュアンスに応じて think、imagine、consider、believe、suppose などなどから、ふさわしい動詞を選ばなければなりません。英語話者は日本語の「思う」にあたる内容を、より細かい概念に分けてとらえているようなのです。しかし、常に日本語がおおざっぱで英語が分析的か、というとそうでもありません。例えば、英語の break はかなり広い概念で、日本語に訳す時には、「こわす」、「くだく」、「おる」、「わる」、「くずす」など、状況に応じて訳し分けなければなりません。

ご存じのように、日本語では「兄」と「弟」の区別があるのに、英語ではふつう年上か年下かの区別をしないで brother だけですましてしまいます。また日本語や英語は「蝶々、butterfly」と「蛾、moth」を区別しますが、フランス語ではどちらも「パピヨン、papillon」になってしまいます。外国語を勉強しはじめると、だれでもこのような違いを次々に発見することになります。

言語の違いは、ある概念にどのような音があてられるかの違い、つまりは発音の違い、という単純なことではなくて、概念の構成そのものが言語ごとに違っている、ということなのです。言語外の客観的世界は同じであっても、これを言語ごとに異なった切り口でとらえて分類している、ということになります。ということは、絶対にこれが正しいという分け方はないということになります。つまり、シニフィアンとシニフィエの関係が恣意的であるのみならず、言語体系の構成のされ方そのものも恣意的である、と

いうことです。

　このような言語ごとに異なる世界の把握の仕方は、カテゴリー化と呼ばれることがあります。例えば、図6をご覧ください。aからgまでの各状況を、英語ではaだけがin、他はすべてonで表現します。図の下の表は、各言語でどのような前置詞（フィンランド語は後置詞）で表されるかを示したものですが、各状況をどのように分類するかは言語によって全く別々になっています。

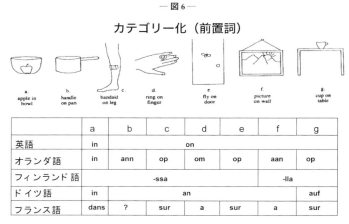

― 図6 ―
カテゴリー化（前置詞）

	a	b	c	d	e	f	g
英語	in	on					
オランダ語	in	ann	op	om	op	aan	op
フィンランド語	-ssa					-lla	
ドイツ語	in	an					auf
フランス語	dans	?	sur	a	sur	a	sur

Melissa Bowerman : The Origins of Children's Spatial Semantic Categories : Cognitive versus Linguistic Determinants, *Rethinking linguistic realtivity*（Edited by John J. Gumpez and Stephen C. Levinson), 1996, Cambridge University Press, Cambridge, pp. 154-157 参照

　このことをもう少し抽象化して表すと、図7のようになるかもしれません。四角で囲われた部分が世界だとすれば、それぞれの言語はこの空間に勝手に切れ目を入れて、それぞれが独自の解釈を施しているのです。

第四章 『一般言語学講義』

— 図7 —

言語A　　　　　言語B　　　　　言語C

　ところで、シニフィアンとシニフィエの話に戻りたいと思います。この両者の関係が恣意的であるというソシュールの指摘は、言葉における音と意味の根本的原理として、きわめて重要です。しかし他方で、例えば犬という語には音［INU］と意味「犬」の二つの側面がある、などということは、あえて言うまでもないあまりに当たり前のことではないでしょうか。なぜ、ソシュールはこのような自明のことにこだわる必要があったのでしょうか。

　記号がシニフィアンとシニフィエとの複合体であるとは、音が一つあればそれに対応する意味が一つ、しかも一つだけある、ということです。しかしだれでも知っているように、同じ一つの語であっても、場合に応じてさまざまな意味で用いられます。辞書にあたってみれば、意味が一つしかない語はむしろ少数派で、圧倒的大多数の語は複数の意味をもっていることがわかります。また、どの語も実際に使われた場合、つまりソシュールの用語ではパロール中で、辞書にはとうてい網羅的に盛り込むことのできない実にさまざまなニュアンスを帯びます。これをどう考えればいいのでしょうか。

　この問題に対するソシュールの答えは、次のようなものです。パロールのレベルで語が種々のニュアンスを帯びるように見える

のは、本来その語とは関係のない前後の文脈やその場の状況をその語の意味として読み込んでしまうためである。したがって、語の多義性は見かけ上のことにすぎない。ある語の意味は常に一つで、それはラングのレベルで決まっている。各語について、さまざまな文脈をつうじて常に唯一の意味だけが一貫して存在し続ける。それがその語の本当の意味である。

さらにこれは単語レベルだけではなく、文法範疇についても同様である。例えばある時制にいかに多様な用法が観察されるとしても、その時制の基本的機能は一つである。新しい言葉の科学は、各言語単位について、こうした基本的な意味や機能を探求してゆくものである、と彼は考えました。シニフィアンとシニフィエの複合体としてのソシュールの記号の概念には、こうした強い主張が込められているのです。この重要な問題については、次章でまた検討することにして、この章では最後にソシュールのもう一つの興味深い概念について、ご説明したいと思います。

二つの対象が「同じ」であるといった場合に、その「同じ」ということは何によって保証されるのか、という問題をソシュールは提起しました。考えるまでもない当たり前のことのように思われるかもしれませんが、実は素朴な疑問であればあるほど根本的な思考を強いるものなのです。「同じ」とは、考えはじめるとよくわからなくなる、なかなか難しい問題です。

日本語の「は (ha)」、「ひ (hi)」、「ふ (hu)」の h の音は自分で意識して発音してみればだれでも気づくように、発声の時の口の形が全く異なりますね。つまり、それぞれはっきり異なった子

音です。しかし、われわれ日本人は通常これを同じ子音とみなしています。英語の［r］と［l］の区別が日本人には難しいといわれますが、それは日本人の耳には両者が同じ音として聞こえてしまうからです。同様に、日本語で一つの同じ音として認識されている「ア」も、英語では複数種類に区別され、それぞれ異なった発音記号が割り当てられています。オバサンとオバーサンは日本語では違う語ですが、これは日本語では母音に短母音［ア］と長母音［アー］の区別があるためです。しかし、その区別のない例えばフランス語のような言語では、短母音［a］を長めに発音したとしても、ある単語が別の単語として認識されてしまうようなことはふつうありません。それは、単にその人の発音のクセということになってしまうでしょう。

　インクで書いた「太郎」という文字と、鉛筆で書いた「太郎」という文字と、海岸の砂浜に指で描いた「太郎」という文字はいずれも「同じ」太郎を意味しますが、文字を構成している素材を顕微鏡やさまざまな試薬でいくらチェックしてみても、何の共通性も出てこないはずです。

　このように、言葉の世界では、本来「違う」はずのものが一纏めに「同じ」とされてしまう不思議な現象があります。しかし、この現象は実は言葉の世界に限らないのです。

　例えば、午前8時東京発大阪行きの列車があったとして、今日のその列車も、明日のその列車も、1ヶ月後のその列車も、ふつうわれわれは同じ列車とみなします。したがって、「今日、午前8時東京発の列車で大阪に行くんだ。」に対して、「あ、そうですか。実は私も明日、同じ列車で大阪に行きます。」と答えたりします。

しかしよく考えれば、午前8時東京発大阪行きの列車は、曜日によって異なった車体を使っている可能性もありますね。つまり、この場合の「同じ」の根拠は物理的に保証されたものではないのです。

「同じ」服というのはどうでしょうか。服の生地が全く違っていても、また色やサイズが違っていても、デザインが同じであれば、「同じ服」といえます。仮に生地や色やサイズまで同じだとしても、細かく調べれば、袖や襟に数ミリの長さの違いはあるかもしれません。あるいは一方にだけ、ボタン穴に若干の布のほつれがあるかもしれません。

またこれとは逆の、「同じ」ことが「違う」とされてしまうような現象もあるのではないでしょうか。例えば、ある真夏の日に、コンビニエンス・ストアで100円の缶ジュースを買って、店も自動販売機もない人里離れた浜辺にドライブに行ってみたところ、喉が渇いて今にも倒れそうな人がふらふら歩いていたとします。彼ならば、100円の缶ジュースを、250円で買ってくれるかもしれません。この場合は、物理的には同じものなのに、一方で100円、他方で250円という、異なった評価を受けたということになります。

また、記念切手や希少なコインを買い込んでおけば、20年後にかなり高く売ることができるかもしれませんが、これも物理的には同じものでありながらその価値が変動する一例です。

ある大学生がアルバイトで家庭教師をしている場合、その学生は大学の教室では学生で、アルバイト先では先生と呼ばれます。教室で教授に怒られていても、家庭教師先では子供に尊敬されているかもしれません。

旅行先で、あるおみやげに少し興味を惹かれたが、結局それほどのものでもないような気がして買わないで帰ってきて、自宅に着いてから、やっぱり買うべきだった、と非常に後悔した経験はだれにもあるのではないでしょうか。これもまた、商品自体は物理的には同じままなのですが、それに対する自分の評価の方が、旅行中と帰宅後で変わったということです。

これらすべてに関わるキーワードは、「関係性」ということで、これは言葉の世界ではソシュールの体系の概念に対応するものです。午前8時東京発大阪行きの新幹線は、今日と明日で車体は異なったとしても、9時発や12時発の大阪行きではなく、また仙台行きなど他の新幹線ではないという意味で、つまり時刻表上の他の新幹線との関係によって同じ新幹線とみなされるのです。関係の中である一定の位置を占めた場合は、物理的実体は異なっても同じとみなされる仕組みです。この場合、物理的実体よりも、われわれの心の中にある関連づけの方が優先されているわけです。

同じ缶ジュースが100円から250円になったり、同じ人が学生になって怒られたり先生になって尊敬されたりするのも、やはりこの種の「関係性」が関わっています。属する関係が異なった場合は、同じ実体であっても、異なったものとされてしまうのです。

つまり、関係性は物理的実体に内在するものではなくて、人間の意識の中にだけあるものです。しかし、この種の関係性を保証している意識のレベルは心の非常に深い部分、つまり無意識レベルです。したがって、自分が心の中の関係づけにもとづいて種々の判断を日常的に行っていることは、通常われわれの意識レベルには上がってきません。水泳や自転車の乗り方をマスターした少

年が、それ以降は手や足の運動をいちいち意識してコントロールしなくても、適切な動きができるのと同じです。つまり、「同じ」かどうか、という判断の主導権を握っているのは、自分でありながら自分でないレベル、人間の自由意思のコントロールを超えた領域なのです。ここでは、すべてが無意識的な自動性に支配されています。

『一般言語学講義』に、「言葉は人が手を加えて変更することができないが、しかし変わらないわけではない。」という、非常に意味深い一節があります。語の意味や発音や文法は時代とともに変わっていきます。語彙も入れ替わっていくでしょう。つまり、時代を超えて不変である物理的法則とは異なり、言語体系は結局は心の働きなので、けっして固定されたものとはなりえず、時間とともに変化します。しかしこの変化は人間が人為的に引き起こすものではなく、言葉の方から自然に生じるものです。人間ができることは、常に受動的かつ無意識的にこれに従うことのみです。

ソシュールは言葉は何よりも心の現象であると主張しました。そして、それまでの通時的研究に対して、共時的研究の重要性を指摘し、その枠組みを基礎づけました。いわば、個人が捨象され、歴史的音変化などのマクロな側面だけで扱われていた言葉を、本来的な各個人の心の世界の方に回復させたといえます。しかし、言葉との関連で彼が見出した心の世界とは、純粋な個人的現象でありながらも、当の個人の主体的な介入を拒絶し、むしろ個人がそれに縛られ操作されるような、冷厳で強制的な規則に支配された心の領域であった、ともいえます。

第三部
主観性

第五章　文法化

　ドイツでは 19 世紀後半より言語研究が盛んになり、若いソシュールも比較文法を学ぶためにジュネーブからライプチッヒ大学に留学したことを述べました。他方、フランスの大学では言葉に関わるものとして文学研究や文献学は存在しても、言葉それ自体の研究が大学アカデミズムに認知されるのはドイツに比べて相当に遅れたようです。19 世紀末や 20 世紀初頭においては、パリの高等研究院という大学院大学的な機関だけが比較文法などの言葉の科学を正面から扱っていました。ソシュールはドイツ留学を終えるとフランスにわたり、この学校にいったん学生として登録しましたが、その一年後に教員に任命され、ジュネーヴ大学に移るまでの 10 年間ほどをこの高等研究院で過ごしました。この時の教え子にやはり比較文法の著名な研究者になり、師弟関係というよりも研究者の友人としてソシュールと一生の親交を結ぶことになるアントワーヌ・メイエ（Antoine Meillet, 1866-1936）がいます。

　比較文法が音法則を研究し、さらにその例外を説明するために類推という概念を導入したこと、ソシュールはこの類推概念に発想を得て、共時態という言葉への新しいアプローチの方法論を確立したこと、を前章で述べました。

　ところで、フランスには大学とはまた異なるコレージュ・ド・フランスという高等研究教育機関があり、メイエは 1906 年にこの「比較文法」講座の教授に任命されます。その時の就任講演で、「言葉の変化については、音法則や類推がいわれるが、これ以外

にも、いつの時代のどの言語にも観察されるような一般法則について考察していくことも必要だ。」と主張しました。これは、通時的変化は音変化と類推の二本立てという当時の常識からすれば一見奇妙な指摘でした。例えばソシュールは、ほぼ同時期である1907年の第一回「一般言語学講義」で、「音変化が起源でない言語の変化は、すべて類推の結果である」、1908-1909年の第二回「一般言語学講義」で「通時的変化は個別的で偶然的なものなので、ここに法則という表現は適切ではない」と述べています。音の変化は音変化と類推変化、また意味や文法の変化は事後に跡づけることはできても、事前の予測は不可能というのが当時の常識だったからです。

　メイエは「一般法則」という表現で、どのような現象を想定していたのでしょうか。言葉の世界に、音変化や類推以外に時代や言語の違いを超えて共通に働くような変化の法則をいったい抽出できるのでしょうか。彼は、それは可能であると考えました。なぜなら、意味や文法の変化は単なる一回性の偶然ではなく、ある一般的なルートに乗って起こる、ということに彼は気づいていたからです。

　例えば、「アタマ」、「ハラ」、「アシ」などの人間の体の部分を表す一連の名詞がありますが、これらで「針のアタマ」、「瓶のハラ」、「机のアシ」など物体の部分を指し示すこともできます。道具などの物体を人間の体に見立てれば、各部分について形の類似で関連づけができるからです。こうして、本来の意味が無生物である物体に拡張された用法が生まれます。しかし、逆にもともと物体の部分を表す語だったもので、人間の体の一部をも意味する

ようになった例はなかなか思いつかないのではないでしょうか。この「人の体の部分 → 物体の部分」のように、意味の拡張は方向性がほぼ決まっているのです。これ以外にも、「アタマがいい」、「ハラ黒い」、「アシが速い」など、体の部分の名詞は人の性質や特徴を表す意味にもなりますので、「人の体の部分 → 人の性質」という方向性も指摘できるでしょう。

あるいはまた、「そんな言葉はクスグッタイ」、「その申し出には偽善的なニオイがする」、「ニガイ思い出」、「軽率に動いて、イタイ思いをした」、「アタタカク迎える」など「体感 → 知的・感情的認識」、「嫉妬のホノウがモエアガル」、「カミナリをオトス」、「気がシズム」、「喜びがワキアガル」などのような「物理現象 → 感情」などの意味拡張のルートもあります。

ある概念を表すのに、そのものズバリの表現をあえて避けて別の語をあてることを、メタファー（隠喩）といいます。したがって、先に挙げたような例はメタファー的意味拡張ともいわれますが、いずれにも共通するのは、体の部分、体感、物理現象など直接的に感知されるもの、つまり身近なものを使って、より身近でないもの、よりとらえにくいもの、特に抽象的な認識や感情を表現するということです。このような意味拡張は、日本語に限られたものではなく、あらゆる言語に起こり、いつの時代にあっても同様の拡張の傾向性が観察されます。語の多義性は、ふつうこの種の意味拡張によって生まれます。また、「まえ」が「目の前」から「前方」、「わかる」が「分けられる」から「理解する」になったように、やがては語源的な意味が忘れ去られてしまうこともあります。この場合は意味変化ということになりますが、意味変化

と意味拡張の原理は基本的に同じです。

　これに関連して、以下の瀬名秀明氏のエッセーの一部をご覧ください。

　「昨年の春から、私はある大学の看護学部に勤務している。日常的に看護学についていろいろ聞く機会が増えた。しかし、多くの教師が看護学という学問について複雑な思いを<u>抱いている</u>ことに気づいた。看護学をしっかりとした学問体系にするのだという強い意気込みがある一方で、人間同士の心の<u>つながり</u>を大切にしよう、精神的な豊かさを忘れないようにしよう、と訴える。科学と人間性の<u>間</u>で<u>揺れ動いている</u>ように見える。最近は、Art という言葉で科学と人間性を<u>くくり</u>、新たな学問として認識させようとする<u>動き</u>が<u>高まっている</u>ようだ。しかしその試みはまだ成功していると思えない。そしてこの「看護学」の<u>揺れ</u>は、私自身の作家としての<u>揺れ</u>と<u>共振している</u>ような気がしてならないのだ。Art という言葉はその意味で<u>奥が深い</u>。」（瀬名秀明（2006）：『おとぎの国の科学』、晶文社、pp. 34-35.）

　下線を引いた語はいずれもその語源は動作（抱く、くくる）、物理的現象（揺れ動く、動き、高まる、揺れ、共振）、物理的現実（つながり、〜と〜の間、奥が深い）などの具体的意味ですが、ここではその本来の意味から拡張され、いずれも抽象的な意味で用いられています。しかし、この抽象的意味はそれぞれの語の意味として今ではすっかり定着し、辞書にも収録されているくらいですので、各語の語源をいちいちイメージしながらこの文章を読

むような人はだれもいないでしょう。

　メタファーというと修辞的な技巧、特に詩的表現をまず思い浮かべる人が多いかもしれません。また詩人など特殊な文学的才能に恵まれた人だけが用いる手法、と考えられてしまうかもしれません。しかし、例えば図8の『朝日新聞Web版』（2012年4月12日）をご覧ください。記事の見出しは「火星にゾウの姿　固まった溶岩流、米探査衛星が「捕獲」」となっています。対象が「ゾウ」に似た地形なので、「撮影」に代えて「捕獲」というメタファー的表現を思わず使ってしまったのでしょう。

—図8—

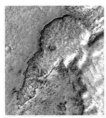

メタファーの中には、確かに特殊な文才に恵まれた人の創意によって作り出されるものがあります。しかしこの新聞記事でもおわかりになるように、メタファーは、われわれの日常言語の中にふつうに見出されるものなのです。言葉の世界はメタファーに満ちあふれており、だれもがそれと意識せずにメタファーを使っているのです。またそこには、より身近な意味でより抽象的な概念を表すという一貫した傾向が観察されますが、これは理解が難しい対象を馴染みのものに見立ててとらえる、つまり世界を自らに引き寄せて解釈する、という人間の認識の一般的仕組みを反映したものです。

人間は生活のための道具を作り出し、それらに名称を与えてきました。しかし、道具ができればその各部分を指し示す用語も必要となってきます。また、文字の発明とも相俟って、人間の関心は直接目に見える物理的な世界を超えて、より抽象的な世界へも及んでいきます。そうなれば、それらの概念を指す表現もまた不可欠となります。したがってメタファー的意味拡張の結果としての多義性は、人間の技術や文化、また認識が進化していく過程が言葉に足跡として刻み込まれたもの、といえます。また、幼児の言語獲得においても、具体的意味から抽象的意味へなど、類似の方向性が指摘されており、個人レベルの成長も、類としての人間の進化の道程をなぞるもののようです。

このようにメタファーは意味拡張や意味変化の大きな一つの道筋を形作っています。しかし、これとは別に、語彙的意味が文法的意味に拡張あるいは変化していくケースもあります。この場合は、その言語にそれまでになかったあらたな文法範疇が作り出さ

第五章　文法化

れることもあります。

　ここからまたメイエの話に戻りたいと思いますが、メイエが「一般法則」という表現で指摘したのは、まさにこの種の現象でした。

　例えば、フランス語を勉強しはじめると、英語では現在完了を表すと教えられた「have ＋ 過去分詞」にあたる形「avoir ＋ 過去分詞」が、複合過去形という過去時制の一つとされていることに驚きます。同一の形態が、英語では完了を表し、フランス語では過去を表す。なぜ、このようなことが起きてしまうのでしょうか。

　メイエは、「have ＋ 過去分詞」という構成が、印欧語系のさまざまな言語において、まず現在完了形として現れてきて、その後しだいに過去時制の機能を帯びていき、ついには元からあった過去時制に置き換わってしまう、という共通の傾向を発見しました。こう考えると、英語の現在完了形とフランス語の複合過去形の類似は偶然の一致では全くなく、ある同一ルート上の単なる進度の違いということになってきます。

　have のような「所有」を意味する動詞をもとにまず現在完了形が成立し、それが過去形になっていく現象は、印欧語系の言語に限らず、系統を異にする多くの言語においても最もありふれた過去形の形成の道筋であることが、現在ではわかってきました。

　have はもともと「〜をもつ」という意味の他動詞ですので、この変化の過程は have が語彙的意味を希薄化し、かわりに文法的機能を獲得していく過程ともいえます。このように文法的な語の起源を遡っていくと、ほとんど必ず語彙的な意味に行き着きます。この逆の、文法的な意味から語彙的な意味への変化は、ごくわずかの例外を除けば観察されないのです。したがって、こうし

た変化の道筋をメイエは「文法化（grammaticalization、フランス語：grammaticalisation)」となづけ、音変化、類推に追加すべき第三の通時的変化の原理として提示しました。ただ、まだ1906年の時点では、メイエはこれに「一般法則」という便宜的名称を与えていたのです。

　この文法化の現象とメタファーによる意味拡張は表面的には異なりますが、機能している原理は同じと考えられます。つまり、とらえやすいもの、具体的なもの（＝語彙的意味）を使って、とらえにくいもの、抽象的なもの（＝文法的機能）を認識する、という心の働きです。

　しかし、メイエのこの発見は必ずしも幸運な運命を辿ったわけではありません。これには、以下のようなさまざまな事情が絡んでいたと考えられます。19世紀の通時一辺倒の研究に対して、ソシュールが共時研究という新たな方法論を提起したことを前章で述べました。20世紀におけるヨーロッパの言葉の研究は、彼の『一般言語学講義』を方法論の基礎とし、通時よりも共時的な考察の方により多くのエネルギーを注ぐことになりました。また、本章冒頭にも述べましたが、ソシュールにとっては「通時的変化は個別的で偶然的なものなので、ここに法則という表現は適切ではない。」ということになります。さらには、彼の唱えた恣意性の原理からすれば、各言語はそれぞれ別々の体系を構成しており、したがって個別に研究されるべきで、たとえ複数言語間に類似性が観察されたとしてもそれは偶然にすぎない、という帰結も引き出されかねないのです。

　他方、アメリカでは20世紀末になって、意味やその変化の様

相への関心が高まってきました。その中でも、特に類型論は複数の言語を比較し、そこから共通の特徴を抽出することを使命とする研究です。ここから、言語の違いを超えて広く観察される類似点、また多くの言語に共通する通時的変化の道筋は、言葉の背後にある心の構造を反映するものであることがわかってきました。メイエの指摘が再発見されたのは、このような20世紀末のアメリカ系の類型論研究によってでした。現在では、複数の言語間に共通する種々の文法化のルートを抽出することが、言葉の科学の大きな関心の一つになっています。

　ところで、日本語の「それは、<u>あと</u>でいいから。」の「あと」はもともと空間的な意味だったものが、時間的な概念（この場合は「未来」）をも表すようになった例ですが、種々の意味拡張の中でも、こうした「空間 → 時間」という方向性は、言語普遍的な傾向が顕著なようです。以下では、文法化の典型的な一ケースとして、この現象を少し詳しく考察してみたいと思います。
　私たちは、時間を一本の道や川の流れのような均質な連続体としてイメージすることがあります。あるいはまた、朝が来て夜が来る、春夏秋冬などの四季、元日から大晦日までの一年など、自然現象を基準にして一定期間を区切り、時間は絶えず循環するもの、と考えたりもします。時間をどうイメージするかは、文化圏によってさまざまで、また同一文化圏内であっても複数の時間観が併存し、各組織や各個人はこれらを適宜使い分けて生活を営んでいるのがふつうでしょう。
　しかし、言葉の方は時間をどう把握しているのでしょうか。こ

こには、文化圏の違いを超えた人間の根源的な世界認識が反映されているはずです。日本語の「さき」と「あと」を題材に人間にとっての基本的な時間認識について考えてみたいと思います。

　まず、日本語の「さきに見える灯台」と「夏休みはまださきだ。」のように、どの言語においても同じ表現が空間と時間の両方の意味をもっていることが多いことを指摘しなければなりません。語源を調べていただけばよくわかるのですが、これはほとんどの場合に空間的な意味が時間的意味に転用された結果です。英語のSpring *has come.* の come や Time *is flying by.* の fly の用法なども、空間移動が時間軸上での移動の意味で用いられているわけですので、この例にあたります。人間の心にとっては、目に見えない時間よりも視覚で把握可能な空間の方が直接的で、よりとらえやすいのです。そこで、より抽象的な時間をより具体的な空間の方に引き寄せて理解しようとします。これが、空間から時間へというメタファー的意味拡張を引き起こすのです。

　しかし、ここにある奇妙な現象が観察されます。以下のように、同じ表現が未来にも過去にも用いられる、ということです。未来と過去という正反対の概念が同じ語で表されるのはなぜなのでしょうか。混同され、誤解が生じるということはないのでしょうか。

「さきのことを考えよう。（未来）」
「さきにお話しした件ですが …（過去）」
「あとは任せろ。（未来）」
「あとは振り返らないで、これからのことを考えよう。（過去）」

この現象を説明するにあたって、時間が空間的に把握される時に、「動き」が重要なポイントになる、ということをまず述べたいと思います。「動き」においては、移動するのが人間なのか、時間なのか、の違いが出てきます。つまり、言葉の世界における時間には、図9のように「主体移動タイプ」と「時間移動タイプ」とがあるようなのです。同じ表現が未来の意味にも過去の意味にもなるという不思議な現象は、このことと関係があります。

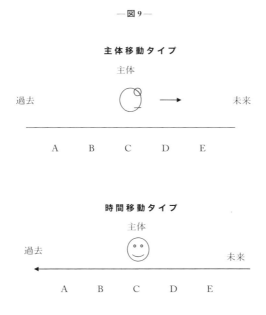

―図9―

　「主体移動タイプ」は、主体がAの方からEの方へ一本道を歩いていくイメージです。いまCのところまで来ていますので、A

とBはすでに過去になってしまっています。DとEはまだこれから通る場所ですので、未来です。このイメージで時間をとらえた場合は、時間の線それ自体に方向性はありません。方向が決まるのは、主体の動きによってです。未来にあるDとEは自分の「さき」にあり、過去となってしまったAとBは自分の「あと」にあることになります。

　他方、「時間移動タイプ」においては、主体は一つの場所にとどまっていて、時間が川の流れのように未来から過去の方へと動いていきます。A、B、C、D、Eのそれぞれを、水面に浮かぶ木片のようなものと考えてください。この場合、方向性は流れの方向によって決まり、主体の方向性は問題になりません。主体のいるCのところから見ると、AとBはすでに自分の目の前を流れていった過去の事態で、流れの「さき」にあることになります。DとEの方は、まだ自分のいる場所に到達していない未来の事態ですので、流れの「あと」にあることになります。

　もうおわかりと思いますが、同じ過去の事態A、Bであっても、「主体移動タイプ」でとらえた場合は「あと」、「時間移動タイプ」でとらえた場合は「さき」となります。また、未来の事態D、Eも、「主体移動タイプ」の場合は「さき」、「時間移動タイプ」の場合は「あと」です。

　興味深いことに、「さきは明るい。」、「さきが見えない。」、「あとは振り返らないで、これからのことを考えよう。」、「昔にあと戻りするような考え方はやめよう。」など、語源的に視覚や人の動きに関わる表現とともに用いられた場合は、「さき」は未来、「あと」は過去の意味にしかなりません。これは、時間概念の方に転

化されたとしても、主体が一本道を歩いていくという主体移動の基本的イメージが継承されているからでしょう。

　他方、「あとに期待がもてるね。」、「そんなことをして、何か問題が起きたら、あとで責任がとれるか？」のような、現在の事態が未来に影響を及ぼすような、つまり現在と未来を因果関係においてとらえた場合は、未来の意味で「さき」を用いることは難しくなります。これは、時間移動には過去-現在-未来を一つの流れと見なす連続体のイメージが基本にあるからかもしれません。

　したがって、「さき」や「あと」がいずれも未来と過去という正反対の意味をもっているとしても、前後にどのような表現と結びつくかでいずれかの解釈にほぼ自動的に決まりますので、われわれが曖昧さに悩むことはふつうありません。しかし、文脈がないとこの区別が不明になってしまうことがあります。

　例えば、「さきの世」という表現です。仏教的な世界観では、人は何度も輪廻転生を繰り返すということになります。この表現は現代の私たちには少し古くさい感じがしますが、それでも意味はわかります。しかし、「さきの世」はいま生きているこの人生の一つ前の人生なのでしょうか、それとも死後に想定された次の人生なのでしょうか。以下の例を、ご覧ください。

　「（宇津保・俊蔭）さきのよの罪おもひやられ侍れば、天地のゆるされなき身に侍るめり」
　「（読本・春雨物語・死首のゑがほ）さきの世のいかなる所にか生まれて、荷かつぎ、夜は縄なひて、猶くるしき瀬にかかりたらん」

（『小学館日本国語大辞典』第二版、第 5 巻、p. 1406）

　『宇津保物語』の方は前世の因果が今の人生に影響を及ぼしているということですので、一つ前の人生を指していますが、『読本・春雨物語』では逆に死後にまた生まれ変わった世界の意味で使われています。文脈があるからこの違いがわかるのですが、いきなり「さきの世」といわれたら、未来なのか過去なのか、よくわからなくなってしまいますね。

　また、松島の瑞巌寺の住職を務めていたともいわれる雲居希膺（うんごきよう）和尚（1582〜1658）が山賊に襲われた時に述べたと伝えられている、以下のような有名な台詞があります。

　「先の世で借りたる物を今なすか、この世で借りて先でなすのか。（＝（山賊たちに）私は今、前世での自分の過ちの罰を、受けているのであろうか。あるいは、お前たちは、いま私にしている過ちの罰を、後世で受けるのであろうか。）」

　一文の中で「さき」が二回も現れ、しかも「過去」と「未来」というそれぞれ異なった意味を帯びています。しかしこの場合も、「借りたる → 過去」、「なすのか → 未来」などの連想が自動的に働きますので、誤解が生まれることはないのです。

　最後につけ加えると、「まえ」についても、「まえ向きに生きる。（未来）」と「まえにもあったことですが … （過去）」のように未来と過去の用法があります。前者は「主体移動タイプ」。後者は「時間移動タイプ」ということになります。しかし、前者の「まえ向

き」などの場合は、空間からのメタファーであることがかなり強く感じられますので、未来の意味の「まえ」は、まだ完全に時間化していないといえるかもしれません。

　本章では、ソシュールの教え子であったメイエが発見した「文法化」について説明しました。身近なもの、具体的なもので、身近ではないもの、抽象的なものをとらえる、という心の働きが言葉の世界に反映すると、メタファー的意味拡張が生じます。時間を空間でとらえるというのは、そのわかりやすい例ということになります。

第六章　言葉を話す人間

　第四章で述べたように、比較文法を批判したソシュールの共時的アプローチの方法論によって、言葉はようやく人間の心の中に位置づけられることとなりました。また第五章では、心の働きが文法化という意味や文法の変化を引き起こす要因になることを説明しました。しかし実は、ソシュール以前にやはり「言葉と心」の関係に着目していた人がいたことはいたのです。それは、高等研究院の言語学講座でソシュールの前任者だったミシェル・ブレアル（Michel Bréal, 1832–1915）という研究者で、今日すっかり定着した意味論（semantics、フランス語：sémantique）や多義性（polysemy、フランス語：polysémie）などの術語を作ったのも彼です。ブレアルもボップに直接薫陶を受けた印欧語比較文法の学者だったのですが、この研究の主要な関心が音の変化のみであるのを不満に思い、比較文法で得られた方法論を今度は意味の分析に応用すべく著したのが、『意味論の試み─意味作用の科学─』（1897）という著作です。

　この中で彼は、言葉の原理を説明するにあたって、唐突に以下のような奇妙な喩え話をもち出します。

　「言葉の活動は劇のようなものだ。語は役者で、文法は登場人物の動きを表す。しかし、ふつうの劇と少し違うところがあって、それは座長が頻繁に顔を出して、自分の感想を述べる点だ。この座長の介入を、言葉の活動の主観的側面と呼びたい。」

第六章　言葉を話す人間　　　75

　この「座長の介入」や「主観的側面」という表現で、いったい
彼は何をいわんとしたのでしょうか。いくら冷静に客観性を装お
うとしても、言葉には話す人の感情や本心や性格が隠しきれずに
表れてしまうものだ、という程度の主張であれば、だれでもが考
えそうなことです。しかし、ブレアルが指摘したかったのは、そ
のような漠然としたことではありません。きわめて具体的な現象
を念頭において、彼はこの「主観性」という用語を使っているの
です。

　例えば「昨日、列車の脱線事故があって交通が3時間遮断され
た。しかし、<u>幸い</u>人身事故ではなかった。」、「今ごろ、彼は<u>たぶ
ん</u>到着している<u>だろう</u>。」の、「幸い」や「たぶん〜だろう」が言
葉の主観的側面にあたる、と彼は述べています。これらの文は、
主語は「私」ではありませんし、また「（私は）〜と思う」、「私に
とって〜」のような表現も見当たりません。しかし、この「幸い」
はだれにとって「幸い」かと考えると、この文の話し手、つまり
「私」にとって、ということになります。また「たぶん〜だろう」
は事態の真実性への判断を表しますが、この判断の主体は常に話
し手であり、結果的に文は話し手の推測内容ということになりま
す。

　あるいはまた、「<u>たぶん</u>、彼はそこにいるよ。」の「たぶん」、「<u>あ
きらかに</u>、あいつは嘘をいっていた。」の「あきらかに」、「山田
君は合格し<u>そうだ</u>。」の「そうだ」なども、各事態の真実性に関
わる判断を表しますが、その判断を行っているのは文の主語では
なしに、必ず話し手なのです。

　この種の話し手の判断に関わる表現は、副詞や文の最後におか

れる助動詞・終助詞などに限りません。例えば「小学生との約束なんて信用できないよ。」の「なんて」、「ガキのくせに生意気な口をきくな。」の「のくせに」などもそうではないでしょうか。これらは対象への軽視・軽蔑を表しますが、その軽視・軽蔑は対象の性質から自動的に由来するものではなく、その対象への話し手の判断がそうであるということです。したがって、通常は軽視・軽蔑を喚起しないような相手であっても、話し手が軽視・軽蔑を抱きさえすれば、使用可能です。例えば、「先生なんて嘘つきばっかりだ。」とか、「ムムッ、意外にやるなあ。のび太のくせに。(「ドラえもん」でのスネ夫のせりふ)」などがそうです。

　なお、「なんて」には、「すごい！彼がＸ大学に受かったなんて！」のように、軽視・軽蔑とはむしろ逆の感嘆を表す用法もあります。「のくせに」の方には必ずしも軽視・軽蔑ではなく対立を表す「大金もちのくせにケチなんだから。」のような用法もありますが、感嘆や尊敬を表す機能はないようです。

　また、明確な文法的機能を担う表現がこの種の判断をも併せもつ場合もあります。例えば、「泥棒どもはここから押し入ったようだ。」の「ども」は単なる複数性だけではなくて、ある種の軽蔑的な判断をも含意します。「昨日、政治家どもがここにたくさん集まっていたぜ。」がよくて、「正直者どもが結局いつも損をする。」が不自然なのは、政治家を軽蔑する話し手は容易に想像可能なのに、正直者に軽蔑を感じるような話し手は想定が難しいからでしょう。

　いずれにせよ言葉には、情報とその情報への話し手の判断という、根本的に異質な二つの層があるようです。言葉の中には話し

第六章　言葉を話す人間　　　　　77

手が自分のコメントを述べるための仕掛けがあらかじめ組み込まれている、ともいえるでしょう。ブレアルが「主観的側面」という用語で示そうとしたのは、言葉のこのような機能のことでした。

　こうして見てくると、ソシュールもブレアルも、音変化の分析に終始していた当時の比較文法の方法論を批判するところから出発し、言葉はそれを話す人間の心の現象としてとらえるべきだ、という着想に至った、という点では同じです。しかし、ソシュールにあって重要なのは一時代の言葉のありかた、つまり共時態ということであったのに対し、ブレアルにとって重要なのは、文のなかに含まれた話し手のコメント部分、つまり主観性ということになります。二人の思考は、同一の地点から、それぞれ異なった方向へと分岐していったのです。ソシュールは、高等研究院での前任者ブレアルの発見を継承発展することなく、独自の路線を模索していったことになります。

　他方、ブレアルの「主観性」は、メイエの「文法化」とは密接な関連性をもっています。主観性を担う表現ははじめからそうだったわけではありません。最近の言葉の科学においては、文法化の進行にともない、語はもとの語彙的意味を失い話し手の判断に関わる意味になっていくことが、各国語の具体例と共に次々に指摘されています。

　類推変化への考察から共時体系の概念を構築し、言葉を心の世界に引き戻すことに成功したソシュールは、さらに考察を進めて、高等研究院で自分の先生でもあり前任者でもあったブレアルの主観性の概念を発展させてもよかったのではないでしょうか。その場合は、ラングの体系は自立したものではなく、話し手の主観性

の基盤に支えられたものであること、どの言語にもこの基盤部分を反映するような一連の表現が用意されていること、各言語は表面的には様相を異にするが、基盤をなす主観性のレベルでは言語普遍的な共通性が見出されること、などをジュネーヴ大学での「一般言語学講義」で述べることになっていたかもしれません。

　ところで第三章の最後で、ソシュールが印欧語に仮定した喉頭音（AとO）の仮説は、当初はほとんど認められなかったこと、しかし20世紀に入って発見されたヒッタイト語が解読され、この仮説は彼の死後になって正しさが証明されたことを述べました。

　メイエはソシュールの教え子で、二人の間には生涯を通じて親しい交友関係が維持されていました。しかしメイエは、ソシュールの喉頭音仮説については、これを継承発展するどころか、その存在を認めることすらしなかったのです。例えばメイエの主著の一つである『印欧諸語比較研究序説』（1908）には、わざわざ「恩師ソシュール先生の『印欧諸語原母音体系に関する覚え書き』出版75周年記念に捧げる。」というエピグラフがつけられていますが、この本の中にはソシュールの喉頭音仮説への言及は全く出てきません。

　ヒッタイト語資料を利用し、このソシュールの喉頭音概念を発展させ、特にこれを印欧語の語根の理論にまで拡張させたのは、むしろエミール・バンヴェニスト（Emile Benveniste, 1902-1976）という人です。しかし彼はメイエの弟子で、後述するようにブレアルの主観性概念を継承発展させた研究者でもあります。した

第六章　言葉を話す人間　　79

がって、フランスの言葉の研究史においては、やはりブレアル－
ソシュール－メイエ－バンヴェニストという師弟関係のいわば
太い幹があり、彼らの関心の中心には常に言葉と心の関係への問
いがあった、といえると思います。

　ところで、バンヴェニストはブレアルの主観性概念を正面から
とりあげ、独自の発話理論へと発展させました。
　彼は、以下のように、言葉の働きは情報の伝達に尽きるような
ものではなくて、その情報伝達は主観性のレベルに支えられて成
り立っているのだと考えます。したがって、基本はブレアルと全
く同じです。

　「言葉は主観性の表現によって非常に深く特徴づけられている。
もしそのような構造に作られているのでなかったならば、言葉は
言葉として機能することができるのかどうか、言葉と呼ぶことが
できるのかどうか、疑問である。いくつかの言語がそうであると
いうのではなくて、言葉というもの全体がそうなのだ。… もし
言葉を、それを話す人間によって担われたもの、という枠組みに
置いてみるならば、言葉の研究において、またおそらくは心理学
においてさえ、非常に多くの概念が異なって見えてくるであろ
う。」
　（バンヴェニスト（1958）：「言葉における主観性について」）

　具体的に考えてみましょう。英語の一人称単数のIや日本語で
これにあたる「僕」などの語は、例えば「東京駅」などという語

とは明らかに異なったある特徴をもっています。「東京駅」といえば、東京駅に一回も行ったことがない人であっても、その意味はすぐわかります。また東京駅をよく知っている人であれば、駅の外観や、ホームや改札口の様子、駅の中の人ごみなどを同時に思い浮かべるかもしれません。

　これは、「イギリス」や「アフリカ」などについても同様です。イギリスや、アフリカ大陸に旅行したことがなくとも、またその地理的位置や歴史についてほとんど何の知識のない人であっても、少なくとも「イギリス」や「アフリカ」がある国やある大陸であることを知っています。これがそれらの語の意味です。クラスの「山田君」についても同じです。新学期にクラス編制が行われて、山田君とは知り合いになったばかりで、その性格も、勉強ができるかスポーツができるか、両方ができるのか、学級委員タイプなのか、友達になれそうなのか、実は嫌なヤツなのか、まだ何もわからない段階でも、少なくとも「山田君」といえばあの山田君であって、その指示対象は明瞭です。

　このことは、「東京駅」、「イギリス」、「アフリカ」、「山田君」など固有名詞に限りません、例えば、「木」といえばだれにとってもある種の植物、「カブトムシ」といえばある昆虫を思い浮かべます。また「家」といえば、家族が集まって生活するある特定の機能をもった建物であることは、だれにとっても共通に理解されます。これらが、それらの語の意味です。そしてこれらの意味はソシュールの用語を使えば、シニフィエであり、ラングのレベルで決まっています。

　しかし、Iや「僕」、またそれらと対をなすyouや「君」はど

第六章　言葉を話す人間　　　81

うでしょうか。Iや「僕」の指示対象は一つに決まりません。常に、自らIや「僕」と称する人がIや「僕」ですので、その内容は刻々変わることになります。ということは、Iや「僕」の意味は、ラングのレベルで決まっているのではなくて、言葉が実際に用いられる現場、つまりパロールのレベルではじめて決まるということです。youや「君」についても同様です。Iや「僕」と言っている人が話しかける相手がyouや「君」で、それ以外の人を指すことはありえません。また、話を受けて今度は自分が話す場合は、その人はyouや「君」から、Iや「僕」になります。常にパロールの担い手がIや「僕」で、その聞き手がyouや「君」です。

　ということは、ソシュールにとってシニフィエはラングのレベルで決まっているものでしたが、実はパロールのレベルで決まるシニフィエもあるということではないでしょうか。バンヴェニストはソシュールのパロールにあたるディスクールという概念を提起しましたが、彼の発話理論とはこのディスクール上の意味作用を扱ったものといえます。

　バンヴェニストは、言葉の働きは常に話し手の主観性によって支えられている、と考えました。これは、相手に伝えたい内容について適切な語を選択したり、それらを文として組み立てるのは話し手である、また実際に音として実現するのも話し手である、という常識的な意味ではなくて、話し手が否応なく関与せざるをえない部分が、言葉の仕組み自体に組み込まれている、ということです。

　例えば、日本語の「ここ」にあたるような語はどの言語にもありますが、これもディスクールのレベルではじめて意味が決まる

語です。ある話し手がいて、その話し手がまさに位置する場所が「ここ」です。したがって、話し手がいなければ「ここ」にあたる場所はどこにもありません。つまり、「ここ」はどこでもなく、また原理的にはあらゆる場所が「ここ」の候補でもあります。

　「いま」についても、同様のことがいえるのではないでしょうか。話し手が話しているその時点だけが「いま」です。例えば 1963 年 11 月 24 日のような表現であれば、それは永遠に同じ時点を指し示します。また「その時」のような表現は、話題ごとに、つまり文脈によってどの時点なのかが決められますが、いったん決まれば、その話題が続いている間は一貫して同一の時点を指し示します。しかし、「いま」の意味の決まり方は、これとは全く異なります。「いま」は話し手のディスクール行為との関係で刻々とその時間的位置を変え、一つの時点に固定されることはありません。このように言葉には、常に話し手が基準となり、ディスクールの現場ではじめて内容が定まる一連の表現があるのです。

　ところで、この種の表現は、人称代名詞「僕」、空間副詞「ここ」、時間副詞「いま」などに限りません。ブレアルの主観性概念との関係で少し説明したように、話し手の判断を表す表現もこの同類といえます。例えば、「鈴木君は来ると思う。」の「思う」は、辞書的な「〜と心に浮かべる」、「〜と考える」のような意味に尽きるものではありません。もしそうであるならば、この文の意味は「鈴木君は来る、と僕はいま心に浮かべている。」という単に自分の心の状態の客観的な描写ということになります。しかし、この文は、ある事態の真実性に対する話し手の判断に関わっています。つまり「思う」は、そのことがらの確かさをほぼ確信しているが、

第六章　言葉を話す人間　　　83

慎重を期して、断定は避けたいという話し手の意図をも表しているのです。

　この「思う」の断定緩和の機能は、主語が一人称の現在形だけに認められる機能です。したがって例えば、主語が一人称であっても「鈴木君は絶対に来ると（僕は）思っていたが、結局来なかった。」のように過去形にしたり、「鈴木君は来る、と妻は思っているが、どんなもんだかなぁ。」など主語を三人称にすると、とたんに「〜と心に浮かべる」という単なる辞書的な意味になってしまいます。

　「明日返事する、約束する。」の「約束する」というのも、「僕は取り決めを行っている。」という単なる描写ではなくて、ある事態に対して「そのことを僕は絶対に実現する。」という話し手の強い意思表明でもあります。この場合も、「昨日、僕は駅に迎えに行くと彼に約束をした。しかし忙しくて忘れてしまった。」のように過去形にしたり、「その本をもってくると彼は僕に約束しているが、いったい、いつになることやら。」など主語を三人称にすれば、この話し手の意思表明の働きはなくなってしまいます。

　他にも、同様の使われ方をする動詞があるのではないでしょうか。「保証する」、「うけあう」、「誓う」などです。これらの動詞はいずれも、一人称現在形で使われた時にのみ、もともとの語彙的意味に加えて、話し手の強固な意思を表すことになります。

　ブレアル、ソシュール、メイエらと同様に印欧語比較文法の研究から出発したバンヴェニストは、言葉の一般原理の領域においても、上記のような発話行為論、また時制論、ソシュールの恣意

性概念批判、動詞の助動詞化の問題など多様なテーマにわたる数多くの研究成果を残しています。しかし、これらのいずれにおいても、言語行為を包み、かつ下から支える働きとしての話し手の関与、つまり主観性の問題が彼の関心の根本に常にありました。

　ところで日本には、バンヴェニストよりも早く言葉における主観性について考察を行った時枝誠記（1900-1967）という研究者がいたことに触れておきたいと思います。彼もまた、言葉の中には常に話し手にしか関わらない一群の特殊な表現があることを発見し、こうした話し手の判断を表す表現を、それ以外の一般的な語彙「詞」と対比させ、「辞」と名づけました。また自らのアプローチを「言語過程説」と称し、ソシュール的な言語観はこの種の「辞」に代表される主観的働きへの考察を欠いた平板な言語観である、と批判しました。

　以下、少し長くなりますが、本書のメインテーマでもある言葉の主観性について日本語で書かれた貴重なテキストですので、彼の記述を直接見てみましょう。冒頭に出てくる「構成的言語観」とはソシュール的言語観のことです。時代が時代なので少し古くさい言い回しにになっていますが、いわんとするところは理解できるはずです。

　構成的言語観に於いては、概念と音声の結合として、その中に全く差異を認めることが出来ない単語も、言語過程説に立つならば、その過程的形式の中に重要な差異を認めることが出来る。即ち、

第六章　言葉を話す人間　　85

　　一　概念過程を含む形式
　　二　概念過程を含まぬ形式
　一は、表現の素材を、一旦客体化し、概念化してこれを音声に
よって表現するのであって、「山」「川」「犬」「走る」等がこれで
あり、又主観的な感情の如きものをも客体化し、概念化するなら
ば、「嬉し」「悲し」「喜ぶ」「怒る」等と表すことが出来る。これ
らの語を私は仮に概念語と名付けるが、古くは詞といはれたもの
であつて、鈴木朗はこれを、「物事をさしあらはしたもの」であ
ると説明した。これらの概念語は、思想内容中の客観界を専ら表
現するものである。二は、観念内容の概念化されない、客体化さ
れない直接的な表現である。「否定」「うち消し」等の語は、概念
過程を経て表現されたものであるが、「ず」「じ」は直接的表現で
あって、観念内容をさし表したものではない。同様にして、「推量」
「推しはかる」に対して「む」、「疑問」「疑ひ」に対して「や」「か」
等は皆直接的表現の語である。私はこれを観念語と名付けたが、
古くは辞と呼ばれ、鈴木朗はこれを<u>心の声</u>であると説明している。
それは客観界に対する主体的なものを表現するものである。助詞
助動詞感動詞の如きがこれに入る。
　（時枝誠記（1941）：『国語学原論』、岩波書店、pp. 231-232 ＝
岩波文庫版上、pp. 259-260）

　… 例へば、「嬉し」といふ詞は、主観的な情緒に関するもので
あるが、それが概念過程を経た表現であるが故に「彼は嬉し」と
いう風に第三者のことに関しても表現することが出来る。処が推
量辞の「む」は、「花咲かむ」という風に、言語主体の推量は表

現できても、第三者の推量は表し得ない。「彼行かむ」といつても、推量してゐるものは「彼」ではなくして、言語主体である「我」なのである。…

（時枝誠記（1941）：『国語学原論』、岩波書店、pp. 235-236 ＝ 岩波文庫版上、p. 263）

詞と辞によって表現される思想内容を、思想内容そのものとして見れば、客観的な自然、人事であり、また主観的な感情、意志等であって、そこに何等の差異を見出すことができないのであるが、これを表現に即して考へるならば、そこに根本的な相違があることは既に述べたところである。即ち、詞は、思想内容を概念的、客観的に表現したものであることによって、それは、言語主体即ち話手に対立する客観界を表現し、辞は専ら話手それ自体即ち言語主体の種々立場を表現するのである。そして、この両者の表現の間には密接な関係が存在する。即ち話手の立場の表現と云っても、それは必ず或る客観的なものに対する話手の立場の表現であり、客観界の表現は、必ず何等かの話手の立場の表現を伴ってはじめて具体的な思想の表現となるのである。例えば、「故郷の山よ。」といふ表現に於いて、話手の感動を表す「よ」といふ語は、この場合、話手に対立する客観界である「故郷の山」に対する感動の表現であって、この主体、客体の表現が合体して始めて具体的な思想の表現となることが出来るのである。この関係は次のように図示することが出来る。

第六章　言葉を話す人間　　　　　　　87

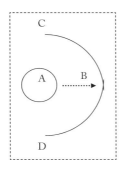

　Aを言語主体（話手）とする時、弧CDは、Aに対立する客観界の表現、点線ABは、客観界CDに対する話手の立場の表現であって、ABと、CDとの間には、志向作用と志向対象との関係が存在し、ABCDが即ち具体的な思考の表現あると云ふことが出来るのである。国語に於いては、この主体的なもの辞と、客体的なもの詞とは、常に次のような関係に結合されるのである。
　<u>故郷の山よ。</u>
　　詞　　辞
　この関係は、また別の言葉で云へば、客体的なものを、主体的なもので包む、或いは統一してゐるとも云ふことが出来るのである。
　（時枝誠記（1950）、『日本文法・口語篇』、岩波全書、pp. 204-206）

　少し難しいですが、大筋はおわかりいただけたと思います。時枝の言語過程説によれば、一般的な表現「詞」ともっぱら話者の判断に関わる表現「辞」は、その機能において全く別物というこ

とになります。この違いを現代日本語を例に説明すると、以下のようになるかもしれません。

　「質問する」、「推測する」、「命令する」、「否定する」のような表現は「佐藤君は先生に質問しました。」、「彼はそのように推測しています。」、「社長はそう命令しました。」、「容疑者は犯行を否定した。」などのように主語がその行為の責任主体ですが、「プールはいつから使えますか？」の「か」、「鈴木君は今ごろ家で寝ているだろう。」の「だろう」、「ドアを閉めろ！」の「ろ」、「そのようなことはありえない。」の「ない」は、必ず話し手がその責任主体になります。これらの表現も、それぞれ「質問」、「推測」、「命令」、「否定」を表しますが、しかしそれは常に話し手のそれです。したがって、「質問」、「推測」、「命令」、「否定」と、「か」、「だろう」、「ろ」、「ない」とは、その機能において根本的な違いがあるということになります。つまり、前者は「詞」で、後者は「辞」です。

　さらに興味深いのは、時枝が表現レベルに具体的に「辞」が現れていないとしても、言葉の背後には常に話し手の判断が潜在しているのだ、と考えていることです。こう見てくると、ブレアルやバンヴェニストと時枝は、フランスと日本という文化圏はそれぞれ異なっていても、言葉における主観性とは何か、という同様の問題について考えを巡らせ、基本的に同様の結論に至っていたことがよくわかります。

第七章　主観性とは

　前章では、一つの文の中に、情報とその情報に対する話し手の判断という質の異なる二つの部分を区別できること、後者に特化した表現、つまり主観性に関わる表現があること、を述べました。

　主観性とは、非常に大ざっぱには「心に関連した性質」ということになりますが、言葉と心との関係は多様で、主観性という語も結果的にさまざまな意味を帯びて使われます。そこで、言葉における主観性の現れという現象について、本章でもう少し整理して考えてみたいと思います。

　まず、「主観」という語は、「君の文章は主観的だ。」のように、否定的に使われることがあります。「書き方が自分勝手だったり、見方が偏っていて、説得力がない。」という意味です。話し言葉でも書き言葉でも最も頻度が高い用法かもしれませんが、これは日常語として意味がはっきりしており、また心がいかに言葉に反映するか、という本書のテーマには直接関わりませんので、この用法について特に例をあげて分析する必要はないかと思います。

　まず最初に指摘したいのは、主観性の定義がどうあれ純粋に情報伝達だけに特化した表現は、主観性とは無縁だということです。例えば、以下のような文章です。

　「【バンコク・オリエンテーション】　チャオ・プラヤー川の東側はバンコク古来の地域で、南北に走る線路を境に2つの地域に分割することができる。川と線路の間の地域はバンコク旧市街と

（コ・ラッタンコーシンと呼ばれることも多い）で、昔からある
寺院や旧宮殿のほか、中国人街やインド人街がある。旧市街の数
倍の大きさがある鉄道の東側は、バンコク"新"市街と呼ばれる。
この地区はさらにチェルーン・クルン通りとラマ4世通りにくさ
び状に区切られたビジネスと観光のエリアと、スクンビット通り
とペップリー・タット・マイ通り沿いに大きく広がるビジネス、
居住、観光のエリアに区切ることができる。」（『ロンリープラネッ
トの自由旅行ガイド・タイ』、メディアファクトリー、2003年版、
p. 138.）

　バンコクの各地区の説明ですが、各市街、川、線路などの地理
的配置の説明に終始しており、ここには書き手の街に対する印象
や個人的な出来事などはいっさい出てきません。実用的な情報提
供に徹した文章といえます。
　それでは、そうでない表現、つまり主観的な表現としては、ど
のようなものがあるのでしょうか。大きく分けて少なくとも以下
の3種類が区別できるように思われます。

　①　心理を表す文章
　②　心理を表す語彙
　③　判断を直截に伝える形態

　①の主観性としては、例えば赤瀬川氏の以下のエッセーの一
節がそれにあたります。

第七章　主観性とは

　「その日はライカ同盟の撮影日で、しかも年内最後なので、い
ちおう、まあ、とりあえず忘年会、的なことでもというわけで、
楽しく酒を飲んで帰った。

　玄関のドアを開けたら、何かちょっと変わった匂いがする。後
で線香の匂いだとわかるのだけれど、階段を上がってきた妻が、
目を赤くしている。

　「ニナ（＝赤瀬川氏の愛犬［引用者注］）が ……」

　死んでしまったという。え。

　今日だったのか。

　二日前から食べ物を口にしなくなった。少し怪しいとは思って
いたが。

　妻が夕方買物に行っている間に逝ったらしい。帰ったら、いつ
ものうつ伏せの姿勢のまま、もう息をしていなかった。

　妻はそのことを悔やんでいる。買物になど行かなければよかっ
たと。

　でもいずれ、ニナの寿命はそこで終わっていたのだ。とはいえ、
やはり死に目に会えなかったこと悔やむ。最期はそばで看ていて
あげたかったと。

　台所の土間に、いつものようにニナがいた。どこから出したの
か、白いレースの布が掛けてあった。触ると、まだ少し温かい。
もう五時間がたっている。目は閉じて、穏やかな寝顔と同じだっ
た。体毛の感触がたまらない。鼻の周りに髭の毛穴がぶつぶつと
マンガみたいに並んでいて、ニナはばかだなと思う。死んだりし
て。」（赤瀬川原平（2005）:『運命の遺伝子UNA』、新潮社、pp.
47-48.）

ここには、「悲しい」、「淋しい」、「かわいそうだ」のような感情に直接関わる語彙は出てきません。むしろ逆に、客観的事実を積み重ねるような筆致になっています。しかし、愛犬のニナを失った赤瀬川氏の哀切な思いが、読者に非常によく伝わってきます。特に最後の段落の「触ると、まだ少し温かい。… 体毛の感触がたまらない。… ニナはばかだなと思う。死んだりして。」のあたりはそうではないでしょうか。

　ある事態に接した場合の人の感情や感動は、その時の心理状態を細かく分析し、それを辞書的に適切な語彙を用いて正確に表現すれば最も的確に伝わる、というようなものではないはずです。むしろそのような表現に頼らずに、心理描写も少なめにして、あえて個々の些末な事実に言及することで、書き手は感情を生々しく伝えることもできるのです。

　次に、以下の文章をご覧ください。

「あの世には明るい世界も暗い世界もある。

　明るい世界は、この世の明るさとは比較にならない透明な光に満ちた、輝くような歓びを伴った明るさがある。そして、なんとも言えぬ温かさがあり、何もかもが美しい。花一つとってもこの世界の花とは比べものにならないくらい美しい。あそこにもう一度行けるなら、この世で手に入れたものすべてと引き換えにしてもいいと思う。

　しかし暗い世界は本当に暗い。暗いだけではない。狂いそうになるほどに怖い。淋しい。冷たい。霊の次元の冷たさ、裸の魂になって味わう怖さ、淋しさ、心細さは現身の中にいる時の人間の

想像を絶する。魂だけになってあの暗い世界に行くことになった
ら、それこそ大変だ。もう二度と行きたくない。絶対に行きたく
ない。また、だれ一人行ってほしくない。あの世界に行きそうな
人がいたら、私はひざまづいてでもその人に止めてくれと頼みた
い。私がひざまずくことで止めてくれるなら、私はそうしたい。」
(川津祐介（2005）:『三回死んでわかったこと』、小学館文庫、p.
164.)

　俳優の川津氏が自らの臨死体験をもとにして、死後の世界を描
いた記述です。バンコクの旅行案内書と同様に特定の空間に関わ
る記述でありながら、描写は全く性格を異にしています。前者は
各市街などがどのような位置関係になっているのかを述べるだけ
で、執筆者の印象や感想などは全くありませんでした。これに対
し後者においては、空間的な位置関係の情報は全くなく、あの世
の明るい世界と暗い世界がいかに異なるかについて、それぞれが
人間にどのような感情や印象を与えるかという点から、対比して
描いています。
　川津氏によれば、明るい世界は「輝くような、歓び、温かさ、
美しい」の世界であり、暗い世界は「怖い、淋しさ、冷たい」の
世界です。これらの名詞や形容詞は、任意の対象に対する感情や
印象など、人の心理に関わる意味です。またこれらの語彙は、ふ
つうそれ自体の意味の中に価値判断が含まれています。つまり、
「輝くような、歓び、温かさ、美しい」のようにプラスの方向性
や「怖い、淋しさ、冷たい」のようにマイナスの方向性を内包し
ています。

このような心のあり方を意味する一連の語彙がどの言語にも存在します。これらは②の主観性ということになります。しかし、赤瀬川氏のエッセーで見たように、あえてこれらの語を用いずに、感情をむしろうまく伝えるやり方もありました。

ところで、言葉の科学が主たる研究対象とするのは、①の文章レベルの主観性でも②の語彙レベルの主観性でもなく、次に述べる③の主観性です。これは、①の主観性のように文章全体で総合的に表現されるものではなく、よりミクロに語彙レベルで働くことが多いという点では、②の主観性に似ています。しかし、①と②の主観性が問題とするのは心理であり、この心理は話し手や書き手にとって多かれ少なかれ意識的に表現されるものだったのに対し、この③の主観性は心理というよりも話し手の心の介入であり、この介入は無意識レベルで瞬時に働くので、いちいち話し手や書き手の顕在意識には上りません。いわば、言葉を発する時に、口の開きの程度や、声帯の震えの有無、舌の位置などをわれわれがいちいち意識したりしないのと同じような自動的な過程なのです。

こう考えてくると、第六章で扱ったブレアルの「主観的側面」、つまり「たぶん～だろう」や「～らしい」などの話者の判断を表す表現、バンヴェニストの「言葉の主観性」、つまり「（僕は）～だと思う」、「（僕は）～と約束する」のようなやはり話し手の判断や意志を表す表現、時枝の「辞」、つまり「～か？」～、「～だろう」、「～しろ」、「～ない」などのそれぞれ必ず話し手が発話の責任主体となる質問、推測、命令、否定などの表現こそが、まさにこの③の主観性にあたるものであることがわかります。

第七章　主観性とは

　心に関わる特有の語彙という点では、②の主観性もそれにあ
たりますが、それらの表現はだれの心理をも平等に表わすことが
できます。しかし、③の主観性において示されるのは必ず話し
手個人の心です。また、ここには前者にあるような意識的な語彙
選択の過程が存在せず、当該の形態がいわば条件反射的に発せら
れることになります。時枝が「辞」について「概念過程を含まぬ
形式」としたのは、話し手の心と言語的形態とのこのような直裁
的関係を言い表すためでした。

第四部
望ましさ

第八章 「最高」

　前章で主観性について概観し、言葉の科学が扱うのは ③ の主観性であることを述べました。ところで、この ③ の主観性については、これまで「真実性」判断に関心が集中していたといえます。言葉の科学の用語では、モダリティ研究がそれにあたります。「真実性」とは、ある事態について話し手がそれをどの程度事実であると考えているか、あるいは事実になりうると考えているか、ということです。例えば、「たぶん〜」や「〜に違いない」は「真実性」がかなり高いことを示す記号ですが、「ひょっとすると〜」や「〜かもしれない」であれば、「真実性」はより低く見積もられていることになります。「真実性」は、英語では助動詞の must（〜に違いない）や may（〜かもしれない）、文副詞の probably（たぶん〜だろう）や perhaps（ひょっとしたら）などで表されますが、それぞれ後者の方が「真実性」は低いということになります。

　しかし、主観性として、他にどのようなものがありうるのでしょうか。これについて興味深いのは、ソシュールの教え子で、後にやはりジュネーヴ大学の教授になったシャルル・バイイ（Charles Bally, 1865-1947）の主張です。彼はその著書『一般言語学とフランス言語学』（1965）の中で、だいたい以下のようなことを述べています。

　「文には常に話し手の積極的関与がある。つまり、例えば「雨が降る」という事態があったとすれば、それを確実と思うかそう思わないか、歓迎するか嫌がるか、起こることを期待するか起こ

らないことを期待するか、の3種類の関与である。これらはそれ
ぞれ、「事実判断」、「価値判断」、「意志」の作用である。」

　最初の「事実判断」が「真実性」にあたるものであることは明
らかですが、彼はそれ以外にも「価値判断」と「意志」という話
し手の関与、つまり二つの別種の主観性の存在について言及して
いるのです。
　バイイはセシュエとともにソシュールの『一般言語学講義』の
編者であり、ソシュールの忠実な弟子で、その理論を継承発展し
た言語学者と見られることも多いのですが、彼の研究を少しでも
繙いてみれば、それは間違った見方であることがすぐわかります。
むしろ彼は、ブレアルが提唱し、やがてバンヴェニストが発展さ
せることになる主観性概念の系譜に連なる研究者です。
　バイイは、ソシュールのラングとパロールの区別よりも、言葉
には知的側面と情動的かつ主観的側面の区別の方が重要であると
考えていました。この後者の側面の研究を、彼は「文体論」と呼
びました。バイイの最初の著作は『文体論概説』で、ソシュール
の『一般言語学講義』よりも10年以上前の1905年の刊行です。
この著作の献本を受けたソシュールは、お礼の手紙を書きますが、
その中で、「あなたの「文体論」が扱う言葉の情動的とされる側
面は、その知的な側面と比べれば、言葉の研究において私には重
要性の低いものに思われます。」といった趣旨の、かなり辛辣な
批判を呈しているのです。
　このソシュールの反応は、きわめて象徴的ではないでしょうか。
バイイは、自らの先生であったソシュールには見えなかったもの

をはっきりととらえ、まだ荒削りな状態ながら懸命にその分析を試みていたのです。

　ところで、バイイが言及した3種の主観性、「事実判断」、「価値判断」、「意志」ですが、「事実判断」は「真実性」にあたるものであることを述べました。また、「価値判断」とは、ある事態について話し手がそれを「望ましい」ととらえるか、「望ましくない」ととらえるか、という働き、「意志」とは、ある事態について話し手がその成立を求めるか求めないか、ということでした。この後者の2つの主観性は、「真実性」と比肩される重要性をもったものですが、これまで個別の現象についてこれらの主観性に関わるような散発的な指摘はされても、残念ながらいまだ体系的な研究が行われていません。特に「望ましさ」については、その存在すらほとんど認識されていない状況です。しかし、この主観性を仮定することで、説明可能となる現象はきわめて多いように思われます。

　本書の第四部は、この「望ましさ」主観性の仮説による、種々の現象の解明の試みです。まず、この第八章では、「最高」をめぐる問題を扱ってみたいと思います。

　具体例として最初に、次の色川氏のエッセーを題材に考えてみます。

　「若い人たちは、例えば偏差値とか、家庭とか、手近なところの不充足だけを問題にしていて、大筋の方ではいいかげんのところで手を打っているみたいだね。

不充足というものは、ぜいたくでわがままなものでもあるけれど、同時に当然の望みでもあるはずなんだね。人はだれでも最高の生き方をするために生まれてくるんだよ。

　もちろん、最高の生き方といったって、ひとつじゃない。ひとそれぞれによって内容はちがうだろう。それから、最高の愛、最高の仕事、最高の倫理、最高の遊び、最高の食物、なんにだって最高がある。

　それでね、ここが大事なところなんだけれど、最高のもの以外はそのものじゃないんだ。そう思った方がいい。

　例えばね、俺、今は小説書きということになっているけれども、それは世間がお世辞でそういってくれてるんでね。なんらかの意味で、最高の小説を書かなけりゃ、小説書きとはとても自分からはいえないよ。二流三流は、無いのも同じなんだ。」（色川武大（1987）：『うらおもて人生録』、新潮文庫、pp. 306-307。）

　ここには「最高」がたくさん出てきます。だれでも知っているように「最高」は例えば、「明日の予想最高気温 30 度」、「最高時速 100 キロ」、「最高入札額 10 億円」など、それぞれ温度、時速、入札額などが尺度となって、その尺度上での上限を意味します。これが「最高」の基本的意味です。逆の「最低」は、「明日の予想最低気温 5 度」、「1 日の最低賃金 5,000 円」、「最低合格点」など、やはりそれぞれ温度、賃金、点数などが尺度となって、その下限を意味します。

　しかし、色川氏のエッセー中の例えば「最高の生き方」、「最高の小説」の「最高」はいわんとするところは伝わってきますが、

第八章　「最高」　　103

上記の「明日の予想最高気温30度」などとは異なり、いったい何が尺度なのかがはっきりしません。「生き方」や「小説」については、温度や時速とは違いますので、それ自体では尺度を考えづらいのです。色川氏自身も、「もちろん、最高の生き方といったって、ひとつじゃない。ひとそれぞれによって内容はちがうだろう。」と書いています。

　逆の「最低」で、「最低の生き方」、「最低の小説」を考えてみましょう。これも具体的には、人によってさまざまな内容が考えられます。例えば、以下のようなものです。

最低の生き方：
＊「嘘をつきまくったり、借金を重ねたり、人をいじめたり、犯罪を犯したりする。」
＊「社会的に偉くなって、大金もちにもなったが、他人を見下すような人格になる。」
＊「まじめで、人に親切で、社会的責任を果たし生きてきたが、何一つ報われず、最後は人にだまされて無一文になる。」
＊「大会社の社長になって、著名にもなったが、趣味もなく、読書もしないので、月並みな話しかできず、友だちもいない。」

最低の小説：
＊「期待して書店で買ったのに、全くつまらない。」
＊「文学性は高いが、特定の人の私生活を赤裸々に暴露してその人を傷つける。」
＊「冒頭に謎を提示しそれで読者を最後まで引っ張っておいて、

最後に答えが明かされないままに終わる。」

＊「ベストセラーになったが、若者を犯罪や麻薬など悪の行為
　へ誘発した。」

＊「他人の日記などをほとんど丸写しして書いた盗作。」

　こう考えてくると、「最低」の尺度も、はっきり決まったもの
では全くなくて、その時々の話し手の判断に依存するものだとい
うことがよくわかります。ある人にとって「最低の人生」、「最低
の小説」とされたものは、別の人にとっては全くそうではなくて、
十分に魅力的なものである、ということもありえます。

　したがって、「最高」は話し手の判断においてこうあって欲し
いという極限で、「最低」はこうはなりたくないという極限、と
いうことではないでしょうか。つまり、「最低」は「望ましさ」
の尺度上の「最低」、「最高」は「望ましさ」の尺度上の「最高」
ということです。こう考えれば、「最高の人生」、「最高の小説」
はもっぱら話し手が個人的判断で「そうあって欲しいと望むその
上限にあるような人生、小説」、ということになります。

　「予想最高気温30度」、「予想最低気温5度」など数値的な尺度
が示されるような場合をのぞけば、「最高」、「最低」には、この
ように、「望ましさ」という話し手の判断が自然に込められてき
ます。「私は〜を最高と思う」、「私にとって最も望ましいのは〜」
とかの、それが話し手の判断であることを表す具体的表現はなく
とも、また「望ましさ」、「望み」、「期待」、「希望」などの表現も
なくても、自動的にそうなるのです。

　例えば、以下を対比してみてください。

第八章　「最高」

「最高の傑作、おいしさ最高、最高の静かさ」
「最高の駄作、まずさ最高、最高のうるささ」

　プラスの意味に結びついた前者はいいのですが、マイナスの意味に結びついた後者は、言いたいことはわかるとしても、どこか不自然な感じがしませんか。これは「最高」に込められた「望ましさの上限」の含意と「駄作」、「まずさ」、「うるささ」などの語彙のマイナスの意味が矛盾をきたしてしまうため、と考えられます。

　また、以下のような表現は実際には見ることもありますが、若干の違和感を感じる人がいるかもしれません。

「今年は交通事故発生件数が過去最高でした。」
「去年は失業率が戦後最高でした。」

　「交通事故発生件数」、「失業率」という数値の尺度がはっきり示されていて、その尺度上の上限ということですので、「最高」の使い方に本当は問題はないはずなのですが、それでも文が落ち着かない感じがするのは、こっそり「望ましさ」の尺度が機能してしまっているからではないでしょうか。つまり、「交通事故発生件数」、「失業率」は、高ければ高いほどそれに反比例して「望ましさ」は一般的には下がってしまうのですが、他方で「最高」は話し手にとっての「望ましさ」の極限を示してしまうことにもなり、二つの尺度が矛盾してしまうのです。

　『河北新報』2005年6月3日号朝刊第5面で、以下のような記

事の見出しが隣り合っていました。

　　『山形、出生率は過去最低／自殺死亡率、秋田が最悪。』

　出生率の数値が最も低かったことを「最低」で表すのであれば、自殺死亡率の数値が最も高かったことを「最高」で表さなければならないはずですが、ここでは「最悪」になっています。理由はもうおわかりと思いますが、やはり「最高」に含意されてしまう「望ましさの上限」と矛盾してしまうので、あえて「最悪」を用いたのでしょう。

　このように③の主観性は、例えば「最高」であれば「ある尺度上の上限」という本来の意味の中にひっそりと忍び込んで、寄生するようにして機能することもよくあるのです。

　ところで、「最高の傑作」に対して「最高の駄作」はどこか不自然であると述べました。しかし、例えば作家や画家の失敗作や若い時の習作とされる作品をコレクションするのが趣味で、「駄作・習作美術館」という変わった美術館を経営している人がいたとします。その人がある作家か画家の最も出来の悪い作品を運よく入手して、嬉しさのあまり「ついに最高の駄作を手に入れた！」と叫んだとしたら、どうでしょう。不自然さはないように思われます。

　また、同じようなことですが、美食に飽きたか、あるいはまずい料理ほど健康にいいと思い込んでいる人が、まずい店を探し歩いたすえに、これ以上ない程にまずい料理を出すレストランを見つけて、感動のあまり「この店のまずさは最高だ！」と言うかも

しれません。

　あるいはまた、騒音から何らかのエネルギーを引き出せないかという研究をしている教授と学生のグループがあって、実験器具を持参して、なるべく騒音の多い場所を探し歩いていたとします。交通量の多い大きな高速道路、新幹線の線路、空港の滑走路、大きな工場などの中から、実験に最も適した場所を見つけて、教授が「ここは最高のうるささだ。すぐ実験開始！」と命令したとしたら、表現としては何もおかしくないように思われます。

　つまり、一般的には望ましくないとされる事柄であっても、ある特殊な状況においては、話し手にとって望ましさの上限である、ということはいくらでもありえます。そして、そうであれば「最高」は不自然ではないのです。

　②の主観性は、対象が人の心に与える印象を表現する語彙ということでした。したがって、矛盾する二つの表現を結びつけた「暗い陽気さ」、「やさしい冷たさ」などは、あえて日常言語から離れて特殊な効果を狙った詩的技巧であれば別ですが、ふつうは不自然です。しかし「最高の駄作」の「最高」の不自然さは、これとは性質を異にしています。日常言語レベルでも、上記のような「駄作・習作美術館」のような状況を仮定すれば、不自然さはすぐ解消されてしまうからです。

　また「最高」と「最低」には、本来相反する両極端であるはずのその両者を使った「最低で最高なヤツ」、「最低で最高な映画」、「最低で最高な夏」のような言い方もありえます。例えば、失敗ばかりしていてドジで学校にも毎日遅刻してくるが、じつは友だち思いでみんなにもとても親切なヤツがいたとします。そのクラ

スメートについて、「最低で最高なヤツ」という表現は何もおかしくないですね。むしろそのクラスメートについて、非常に的確な表現とも言えるかもしれません。これは話し手が当人を「ある観点からは望ましさの下限だが、別の観点からは望ましさの上限」であると判断していることを意味します。

　本章で「最高」を材料にしてお話しした「話し手にとっての望ましさ」という主観的概念は、言葉の働きの非常に重要なベースをなしているように思われます。したがって、次の第九～十二章では、日本語の複数の具体例を題材にこの「望ましさ」のさまざまな現れについて考えてみたいと思います。

第九章 「男の中の男」

「男の中の男、田中君！」、「これぞ、酒の中の酒！」など、「Xの中のX」という表現があります。「男の中の男」を厳密に文字どおりにとると、まず男の姿をしたぬいぐるみのようなものがあって、その中に入っている男、ということになってしまいます。もちろんマジック・ショーなど何らかの特殊な状況ではそのような意味にもなりえるでしょうが、定型表現としての「Xの中のX」においては、本来は空間性を表す「中」が対象Xの何らかの性質を表す意味へとメタファー的意味変化を起こしているわけです。「中」は「外側」と対立して考えられた「内側」以外に、「どうぞ、部屋の中の方にお進みください」のように「囲い込まれた空間の中心部」という意味もあり、「Xの中のX」はまさにこの意味がもとになっているのではないでしょうか。つまり、図10のように、集合Xの中心部に位置するXに注目させる機能です。

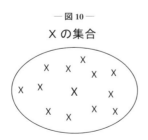

― 図10 ―
Xの集合

それでは、「Xの中のX」は「最もXらしいX」つまり、Xの一般的特徴を顕著に示す典型例、ということなのでしょうか。し

かしここで注意しなければならないことは、どのような名詞でも
この表現の型に置けるわけではない、ということです。例えば、「彼
こそ、天才の中の天才だ！」、「この店は老舗の中の老舗だ！」は
いいのですが、「鳥の中の鳥、スズメ！」、「そばは、麺の中の麺だ！」
はヘンではないでしょうか。実際には、鳥といえばまずスズメ、
麺といえばまずそばを思い浮かべる人は多いかと思います。つま
り、スズメは鳥の、そばは麺の代表ともいえます。しかしこれら
の名詞を「Xの中のX」に置けないということは、「Xの中のX」
はXの典型例、という仮説自体を怪しくするものです。また、
スズメや麺だけでなく、「泥棒の中の泥棒」、「ワルの中のワル」、「病
気の中の病気」、「災害の中の災害」などネガティブな語彙の場合
も、不自然になりますね。

　「彼こそ、天才の中の天才だ！」がよくて「鳥の中の鳥、スズメ！」
が不自然なことからもわかることは、集合Xの中心部にあって
注目を浴びるXは、典型的なXということではなく、むしろ特
に誉められるべき特質をもったリーダー的なX、つまりは話し手
にとって「望ましい」対象ということではないでしょうか。した
がって、前章で述べた「望ましさ」判断がやはりここでも働いて
いることがわかります。

　「泥棒の中の泥棒」、「ワルの中のワル」も、「泥棒の中の泥棒、
アルセーヌ・ルパン！」、（不良の田中君に憧れた少年が）「田中
こそ、ワルの中のワルだぜ。俺もああなりたいなあ！」であれば
おかしくないですね。これは、Xを賞賛する文脈が付加されたこ
とによります。一般的には「望ましく」ないXであっても、話
し手が「望ましい」と考えさえすれば「Xの中のX」は使えるこ

第九章　「男の中の男」　　　111

とがわかります。

　ところで、「Xの中のX」に類似の表現として、「X中のX」と「XもYのうち」があります。前者は「激職中の激職」、「基本中の基本」、「例外中の例外」、「異例中の異例」、後者は「叫びも言葉のうち。」、「木魚も楽器のうち。」、「クジラやイルカも哺乳類のうち。」などと使いますね。

　まず「X中のX」について考えてみたいのですが、「Xの中のX」に置き換えてしまってもよさそうな使用例が、ある程度見つかります。例えば、以下はどうでしょうか。

　国家公務員I種試験は、国家の行政をになう人材を選ぶものです。我が国の秀才中の秀才（→秀才の中の秀才）、ぴかぴかのエリートと呼ばれる人間が突破しているはずです。／ならば、この三十年を振り返って、日本はよりよい社会になったでしょうか。だれもが納得するような行政が行われてきたでしょうか。（楡周平（2010）:『衆愚の時代』、新潮新書、pp. 125-126）

　あいかわらず凄い、凄い音だね。先程、ディレクターもビックリしていました。これぞ、本物のオーディオ・マニアだと言っていました。私としてもこの番組の内6回は、オーディオ達人訪問として達人中の達人（→達人の中の達人）を選びました。第一回目は、稲毛の「CANDY」でしたが、第二回目は、店ではなく、自宅で個人で、オーディオに熱中しているオーディオ極道に出演して頂かなくてはと思いました。（山口孝（2004）:『ジャズオー

ディオ・ウエイクアップ』、誠文堂新光社、pp. 135–136)

　明治期に官費留学生に選ばれるということは、ただ単に外国行きの機会に恵まれるということだけではなく、エリート中のエリート（→エリートの中のエリート）として将来を約束されたことを意味した。留学帰りに後光が射したのもむべなるかなである。（平川祐弘（2010）:『日本語は生きのびるか』、河出ブックス、p. 71）

　しかし、この置き換えが常に可能というわけではないのです。例えば以下のような例では、「Xの中のX」は不自然ではないでしょうか。

　第一次大戦が終わった後、神の問題を教義学的にもう一回考え直す必要が出てきました。そのときに、一人の天才、カール・バルトが登場した。一九世紀の実証主義的な神学の流れの中ではカール・バルトは傍流中の傍流（→？傍流の中の傍流）でした。だから、大学を出た後も、神学部に引き止められず、ザーフェンヴィルというスイスの田舎の牧師に赴任した。（佐藤優（2011）:『はじめての宗教論・左巻』、NHK出版新書、p. 117）

　（小泉首相の訪朝について）正式な国交のない国に日本の最高権力者が2度も訪れるというのは異例中の異例（→？異例の中の異例）ではあるが、実のところ、小泉氏は相当にビビっていたのではあるまいか。（鈴木宗男（2012）:『政治家崩壊』、徳間ポケッ

ト、p. 33）

多くの人にとって、職業のよし悪しを判断する基準というのは、利益につながる作業がどれだけ具体的に見えて、それが自己利益にせよ社会的利益にせよ、どれだけ有効であるかにかかっているのではないでしょうか。／そうなると、文学というのは<u>虚業中の虚業</u>（→？虚業の中の虚業）ということになります。（吉本隆明（2011）:『真贋』、講談社文庫、p. 144）

置き換えると不自然になるこの種の例ですぐ気づくことは、注目を浴びたXが特に「望ましい」対象とは認識されていないということです。「X中のX」の働きは、むしろ全てのXに本来備わった任意の性質をより顕著にもっているXに焦点を当てることにありそうです。「激職中の激職」であれば忙しい仕事の中でも極端に忙しい仕事、「異例中の異例」であれば、単なる例外ではなく、非常に稀な例外、ということです。つまり、「Xの典型例」という説明は、むしろ「X中のX」についてこそふさわしいのではないでしょうか。

また、「X中のX」に置かれるXについては、その性質について尺度が想定され、しかもその尺度は一種類だけでなければならないようです。「激職」であれば忙しさの尺度、「異例」であれば、例外性の程度がそれです。「男の中の男」、「酒の中の酒」はよくても、「男中の男」、「酒中の酒」は変ではないでしょうか。これは、「男」や「酒」については、さまざまな性質が想定され、評価の基準となる尺度を一つに絞れないからなのです。例えば男度や酒

度といった尺度を無理に考えようとしてみても、具体的イメージが湧かないですね。これに対し「Xの中のX」は、Xをもっぱら「望ましさ」尺度の点から問題にしますので、具体的性質については曖昧なままであってもいいのです。

　次に「XもYのうち。」について考えてみます。「うち」はもともとは空間的な「内部」を意味したものが、やはりメタファー的意味拡張により、対象の性質に関わる抽象的な意味で使われるようになったものです。これは、ある集合から外れそうになってはいるが、ぎりぎりその境界内にとどまっている、という意味ではないでしょうか。「ダチョウも鳥のうち。」、「ペンギンも鳥のうち。」、「(演奏会で木魚の担当にされたことを不満に思っている生徒に、先生が)木魚も楽器のうちだ！一生懸命やるんだ！」、「(ビールを飲んでいることを見つかって「ビール一杯ぐらい、いいじゃないか。」と反抗した未成年に注意して)何言ってるんだ、ビールも酒のうちだ！」はいいのですが、「ハトも鳥のうち。」、「スズメも鳥のうち。」はおかしいですね。ハトやスズメは鳥の典型例なので、あえてそのようなことを言う必要がないのです。

　以上により、類似表現「Xの中のX」、「X中のX」、「XもYのうち。」では、「Xの中のX」でだけ「望ましさ」が働いていることがわかります。

第十章 「ネコはネコ」

　トートロジーとも、日本語で同語反復文とも呼ばれる奇妙な表現があります。これらの用語は知らなくても、実際にはだれもがふつうに使っている「ネコはネコだ。」のような同じ名詞が繰り返される文のことです。

　「Ｘ は Ｘ だ。」と言っているだけですので、あまりに当たり前で情報価値はゼロのはずですが、「（ふだんは在来線に乗っている人が）さすが、速いねぇ。＜新幹線はやっぱり新幹線だ＞なぁ。」、「（出された日本酒がまずいといった人に）＜酒は酒だ＞。文句言うなよ。」のように日常的に耳にする表現です。したがって、それなりの意味機能を担っているはずなのです。まず、以下のような例から考えてみます。

　１週間前に友だちの鈴木君とケンカをしたんだ。でも、僕が学校をずっと休んでいたのを心配してアパートに来てくれたんだ。＜やっぱり友だちは友だちだ＞なぁ。風邪をこじらせて寝込んでいて、買い物にも行けなくて困っていたんで、本当に助かったよ。

　こういう時の「友だちは友だち」には、「たとえ一時的にケンカをしたとしても、友だちにはやはり友だちのよさがあって、それは変わることがない。」といった意味合いが感じられるのではないでしょうか。とすれば、トートロジーの文はいかにもナンセンスなその外見とは異なり、やはり何らかの意味価値を担っているのです。またそれは、「最高」や「Ｘの中のＸ」で見たような、

「望ましさ」判断に関わっているように思えます。

　「友だち」と聞いた場合に、だれでもそこにある種の「望ましさ」を自然に感じとりますが、「XはXだ」が現れるのは、このXの「望ましさ」がまさに危機に瀕するような文脈においてなのです。

　例えば、「親友の山田君は何かあるといつも喜んで手伝いに来てくれる。親身に相談にも乗ってくれるし、やっぱり、＜友だちは友だちだ＞なぁ。」よりも「山田君はここ数年全く音沙汰がなかったが、連絡するとすぐ引っ越しの手伝いに来てくれた。やっぱり、＜友だちは友だちだ＞なぁ。」の方がずっと自然です。

　ここでは、「山田君はここ数年全く音沙汰がない」→「友だちは、必ずしも「望ましい」とは限らない」と、いったん保留にされかかった友だちの「望ましさ」が、トートロジーの文によって回復される、ともいえます。このようにトートロジーには、下がりかかった「望ましさ」をもとの程度に戻す、という働きが観察されるのです。

　このことは、次のような例で考えてみてもおわかりいただけると思います。「不審者が近づくといつも吠えて噛みつくんだ。やはり＜イヌはイヌだ＞なぁ。」のような文よりも、「うちのタロはいつもダラダラ寝てばっかりいると思っていたが、この前泥棒が入った時に吠えて噛みついたんだ。やっぱり＜イヌはイヌだ＞なぁ。本当に頼もしかったよ。」のような文の方が自然です。これは、後者においては、寝てばかりいてイヌらしくない、つまりイヌとしての「望ましさ」がない存在になりかかったイヌが、泥棒に吠えて噛みつくという行為により名誉が回復され、再び「望ましい」存在に戻されるからです。

第十章　「ネコはネコ」　　117

以下のような実例についても、同じ働きが観察されます。

　鞄のなかには、マラッカの旧市街の売店で買った缶ビールが入っていた。もうすっかりぬるくなってしまっただろうが、＜ビールはビールである＞。（下川裕治（2012）：『週末アジアでちょっと幸せ』、朝日文庫、p. 96）

　人の目にふれなくても、認められなくても、＜研究成果は研究成果です＞。ほとんどの研究はそのような孤軍奮闘の中で、「それでも研究が好き」「それでも、この研究には意味がある」という研究者の強い意志によって進められています。（「文学部の研究紹介3、佐藤弘夫教授」、『東北大学文学部ブックレット・考えるということ』、Vol. 3、2008年3月、p. 27）

　「ぬるくなってしまったビール」、また「認められない研究成果は」、ビールとして、あるいはまた研究成果として「望ましさ」が下がるように思われるかもしれないが、実はそうではない、ビールの「望ましさ」、研究成果の「望ましさ」は常に一律に同じだ、ということです。
　ところで、このタイプのトートロジーには、「うちのタロはなかなか賢いので、九九を教え込もうと思ったが。どうしても無理だった。やっぱり＜イヌはイヌだ＞な。」のようなものもあります。もうお気づきかもしれませんが、これは、これまでの例の逆パターンです。つまり、いったんは「望ましさ」度の上昇を期待された対象が、そうならずに結局はもとのあまり「望ましくない」存在

に戻る、という構図です。以下の実例もこのタイプです。

　中川先生（＝故中川一郎代議士）の秘書として私はそれなりに評価され、力があるとちやほやもされた。しかし、＜秘書は秘書＞。使われの身だ。中川先生あっての鈴木宗男なのだから、偉くなったとか力があると思ったら大間違いだと、いつも自分に言い聞かせていた。（鈴木宗男（2012）：『政治の修羅場』、文春文庫、p. 109）

　それでは、次のようなものはいかがでしょうか。「いくら親身な上司でも頼りすぎちゃダメだよ。＜上司は上司＞で、親じゃないんだから。」、「親友だっていっても、そんな大金は借してくれないよ。＜友だちはあくまで友だちだ＞よ。家族じゃないんだから。」、「確かに田中の子供は頭がいいらしいが、いきなり論語を教えても無理だよ。いくら優秀でも＜幼稚園の秀才は幼稚園の秀才だ＞よ。」

　まずはじめにある程度の「望ましさ」があって、それがさらに「望ましく」なりそうになるが、結局はもとの「望ましさ」のレベルに戻される、ということです。

　つまり、下がりかかった「望ましさ」をもとの高い程度に上げる、上がりかかった「望ましさ」をもとの低い程度に下げる、以外にも、もともとかなり高かった「望ましさ」がさらに高くなりかかったが、これをもとの「望ましさ」の程度に下げる、というパターンも観察されるのです。したがって結局は、「一見したところもとの「望ましさ」の程度に変動がありそうに思えたが、結

局はもとの「望ましさ」の程度におちつく。」という原理で統一的に説明できそうです。

　ところで、「XはXだ」のトートロジーには別のタイプもあります。

　「ネズミを捕ってこそ＜（ネコは）ネコだ＞。」、「泥棒に吠えてこそ＜（イヌは）イヌだ＞。」のようなものです。このタイプでは最初のXが表現されないことが多いのですが、省略された主語はやはりXと考えられますので、これもトートロジーということになります。

　これは「ネズミを捕るネコこそ、ネコらしいネコだ。」、「泥棒に吠えるイヌこそ、本当のイヌと呼ばれるにふさわしい。」といったような意味合いではないでしょうか。前のタイプは、「望ましさ」度に変動が生じそうになった対象について、その「望ましさ」の程度はもとの程度と結局同じだ、ということを主張するものであったのに対し、このタイプは、「ある条件を満たすXだけが「望ましい」Xだ。」と主張するもののようです。

　例えば、「イヌを走らせるほど広くて、木も生い茂っていて、広い池もあってこそ、＜（庭は）庭だ＞。」、「客室が3部屋以上あってこそ、＜（家は）家だ＞。」はいいのですが、「一日じゅう昼寝してこそ、＜（怠け者は）怠け者だ＞。」、「100万円以上だまし取ってこそ、＜（詐欺師は）詐欺師だ＞。」は不自然ではないでしょうか。これは、「怠け者」や「詐欺師」は本来的に「望ましい」存在ではないために、「望ましい怠け者」や「望ましい詐欺師」自体が想定しづらいからです。

　また、このタイプで「望ましいX」を決めるための条件は、曖

昧であってもかまいません。話し手がある種の X を「望ましい」と判断しさえすれば、それだけでこのタイプのトートロジーは十分に成立するのです。例えば、「明治の時代、＜日本は日本でした＞。私は昔のこの国の方が好きです。」、「マイルス・ディヴィスが活躍していた時代、＜ジャズはジャズでした＞。」のような場合は、時間的限定があるだけで「望ましい X」がどのような条件を満たして「望ましく」なっているのかは不明です。しかし、文としては全く自然ではないでしょうか。以下のような実例も、同じタイプと考えられます。

　まるで学園生活のような日活の調布撮影所で芽生える初恋。ロケ先での秘密のあいびき。（浅丘）ルリ子の恋と冒険は、いちいち「濃い」。それは、娯楽の選択肢が限られ、＜スターがスターだった＞時代ゆえの濃さ。"デコラティブ"と形容してもいい。（島村麻里、林真理子著『RURIKO』への書評、『河北新報』2008 年 6 月 8 日朝刊第 25 面）

　＜男が男であった＞、＜女が女であった＞　時代とは。愛とは。… 激動の昭和の時代に、男が男として、女が女として生きた姿を描いた超大作。（映画『動乱』、2006、DVD のラベル）

　第三のタイプとして、「X は X、Y は Y。」のように二つのトートロジーが並列されるケースがあります。例えば以下のようなものです。

第十章 「ネコはネコ」

＜是は是、非は非＞。

（ある提案に反対したかと思ったら、すぐ次の提案に賛成したことを批判されて）＜それはそれ、これはこれだ＞。

いまの人たちは、＜私は私、あなたはあなた＞、頼むからこっちに干渉しないでね、と割り切っている。

これらは、やはり「ＸはＸだ。」という形態でありながら、これまで述べてきたトートロジーとはかなり趣を異にする印象があります。このタイプでは、「望ましさ」とは別の原理が働いているようです。

このタイプでは、「Ａ：（二つの同じ本について）どっちを借りてもいいの？—Ｂ：＜この本はこの本、あの本はあの本＞。この本は僕のだから君に貸してもいいけど、あっちはＦ君のものだから、もっていっちゃダメだよ。」のように特徴による区別が不可能なものについても問題なく使えます。またふつうであれば、並列の関係に置かれないはずの組織とその中の１メンバーを表す表現が同列に扱われることもあります。例えば、「Ａ：（だらしない態度の学生を注意して）「君はそれでも名門Ｈ大学の学生か！」—Ｂ：＜Ｈ大学はＨ大学、オレはオレ＞っすよ。」のような場合です。以下は実例ですが、この種の並列タイプは出現頻度がきわめて高く、前後にＸとＹの区別を指摘するような記述（波線部で示す）を伴うことが多いのです。

（プリアンプをオクターブの HP-500 にしてみて）スケールの大きさ、そして何枚も皮を剥いだような生々しさはライブの音だったのだ。ライブを至近距離で聴くと＜サックスはサックス、ピアノはピアノ、ベースはベース＞と各々分かれて聴こえてくる。決して交ざり合うことはない。（寺島靖国（2014）：『俺のオーディオ』、河出書房新社、p.109）

　また、民主国家の政治家にとって、選挙はきわめて重要なものである。その選挙で支持してくれた人には、当選後に報いたいと思うのは無理からぬことだろう。同時に、次の選挙を考えれば、支持をつなぎとめるためにも何かしらやっておきたいと考えるのも、自然の情といえるかもしれない。／しかし、そこには限度というものがある。謝意はあらわすにしても、＜選挙は選挙、国政は国政である＞、まったくの別物と考えるべきだ。選挙が終わったら、支援者との私的な関係はきっぱりと断つことが大切である。（李登輝（2008）：『最高指導者の条件』、PHP研究所、p.50）

　こうして見てくると、このトートロジーは、二つの対象がそれぞれどのような特徴をもっているか、またどのような特徴において相互に異なるか、といったことにはほとんど関心がなく、話し手が二つの対象は別物だ、と主張しているだけに思えます。

　トートロジーには、他にも興味深い用法が多く観察されます。例えば英語では、冠詞がつかない War is war. は「戦争は悲惨なものだ。」、不定冠詞をつけて A war is a war. とすると「戦争には参加すべきだ。」というニュアンスになるなど、不思議な現象もあ

ります。また日本語でも、「(「郵政民営化ってなに？」と聞かれて、その意味を知らない人が、あるいは知っていても説明が面倒くさい時に) 何いってんだ。＜郵政民営化は郵政民営化だ＞。」のような説明拒否の用法や、「あいつは＜親が親だ＞から、ああなってしまった。」、「あの人は、＜家柄が家柄だ＞から、みっともないまねはできないんだろう。」のような低評価や逆の高評価を表す用法などもありますが、とりあえずトートロジーはここまでにして、以下では矛盾文といわれる、トートロジーが否定に置かれたかのような、やはり興味深い構文について少し考えてみます。

　矛盾文とは、「ネコはネコじゃない。」、「イヌはイヌじゃない。」のような「XはXでない。」型の文です。これだけだと、何がいいたいのか不明ですが、「ネズミを捕らない＜ネコはネコじゃない＞！」、「泥棒に吠えないような＜イヌはイヌじゃない＞！」とすると自然な文になります。「ネズミを捕らないなんて、＜ネコじゃない＞！」、「泥棒に吠えないなんて、＜イヌじゃない＞！」のように、主語のXを省略した文も可能ですね。

　しかし「XがXでない。」ことは現実にはありえませんので、トートロジーの場合と同様に、文の見かけとは別のことを意味していると考えなければなりません。

　「授業をサボってアルバイトばかりしているような＜学生は学生ではない＞！」、「こんな甘い＜カレーはカレーではない＞！」のようなものはいいのですが、「授業も休まないようなまじめ＜学生は学生ではない＞！」、「こんな辛い＜カレーはカレーではない＞！」は不自然ではないでしょうか。これを考えれば、矛盾文

においてもやはり「望ましさ」が働いているということがわかります。否定の「〜でない」は、XがXであることを否定しているのではなく、実はXの「望ましさ」を否定していると考えられます。

　つまり矛盾文は、「ある種のXには、X本来の「望ましさ」がない。」ことを主張しているのです。「授業を休まないまじめな学生」、「辛いカレー」は一般常識的に「望ましい」対象ですので、この「望ましさ」を否定するのはかなり特殊な判断ということになり、文は不自然になってしまうのです。

　しかし例えば、自分の店に多くのアルバイト学生を働かせたいと思っている喫茶店の店主がいるとします。彼はまた、学生時代は授業よりもアルバイトに精を出した方が大いに社会勉強になり、将来の役に立つという考え方の持主であったとします。「授業も休まないようなまじめ＜学生は学生ではない＞！」という表現が、その喫茶店店主の言葉だとすると、何の違和感もありません。

　同様に、ただ辛ければ辛いほど本場インドのカレーに近いという誤った考えに陥っている人に、あるインド人が「こんな辛い＜カレーはカレーではない＞！」と言ったとすれば、何もおかしくはありません。

　第八章の「最高」以降一貫してそうだったように、「望ましさ」判断の基本は一般常識的基準に基づいたものではなく、もっぱら話し手に依拠しています。もちろんほとんどの場合、人間は常識にしたがった考え方をしますので、個人の判断と一般常識は一致し、「望ましさ」判断もこれに一致します。しかし、個人の判断

が一般常識と矛盾する場合は、前者が優先される仕組みなのです。

　ところで、実例に観察される矛盾文のほぼ全ては、以下もそうですが、対象Ｘの「望ましさ」を否定するものです。

　（幼児を置き去りにして、大人たちだけが逃げたこと）よくそんなことができたものだと、いまとなればもちろん思う。しかし、そうしたことは、その状況のなかでは、けして珍しいことではなかったのである。＜人間が人間でなくなっていた＞のだ。（五木寛之（2009）：『人間の運命』、東京書籍、p. 17）

　近代がもたらす最先端の情報や目先の問題から距離を置くことこそが京都の特質だったはずです。それを放棄すれば、＜京都は京都でなくなります＞。京大が第二の東大を目指した時点ですでに京大は崩壊します。（佐伯啓思「反・幸福論、第41回　京都と西田幾多郎」、『新潮45』、2014年6月号、p. 329）

　しかし興味深いことですが、逆に「望ましさ」をアップさせるような矛盾文を考えることもできるのです。例えば、以下のような例はどうでしょうか。文としてはほとんど同じながら、文脈を変更するだけで、「望ましさ」の否定を逆に「望ましさ」のアップに転換させることができます。

　（ある故障したロボットについて）「こんな＜ロボット、ロボットじゃない＞！」→（高度な視聴覚機能や柔軟な動きが可能なロボットについて）「この＜ロボットはもはやロボットじゃない＞！

ほとんど人間だ！」

　（校内暴力で荒れた学校について）「こんな＜学校は学校じゃない＞！→（学内に寮や店舗など生活施設が充実した学校について）「この＜学校は（もう／もはや）学校じゃない＞！一つの都市だ！」

　関連して、ここで否定と尺度の問題について少し考えてみましょう。「僕＜車３台＞なんてもってないよ、そんな噂は、デマだよ。」と言えば、「車３台」の否定は自動的に「２台か１台」の解釈になり、ふつうは「車４台」の意味にはなりません。数量の否定は、ほぼ自動的に尺度上のより下の程度を意味することになるのです。しかし、「僕がもっている車は＜３台＞じゃないよ。実際は５台なんだ。すごいだろう！」のように、否定は文脈によってはより上の数量の解釈を導くことも可能なのです。矛盾文における「望ましさ」が、適切な文脈さえあれば、より高い程度にもなりうるのは、やはりこの原理が働いているためと考えられます。

第十一章 「道具以上のもの」

「以上」という表現は、例えば「ドーナツ 5 個以上お買い上げの皆様には、ただいま 50 円引きセール中」などのように、ある尺度上（＝ドーナツの数）で、ある基準（＝ 5）とその上（＝ 6、7、8、…）を意味します。しかし、特に数値に関わらない場合は基準を含まないで基準の上だけを意味することが多いようです。例えば『明鏡国語辞典』（大修館書店）は以下のように書いています。

「【語法】数値を伴わないで程度をいう場合は、「彼の実力は僕 – だ（＝僕は彼に及ばない）「予想 – の（＝予想を超えた）被害」「これ – は進めない（＝ここまでは進める）」などのように、（基準を）含まないと解される」（初版、第二版、p.93）

しかし、数値に関わらない場合でも、もちろん何らかの尺度は想定されているわけです。例えば以下の例では、それぞれ「英会話のレベル」、「痛み」が尺度で、「日常会話の英会話レベル」、「2人の子どもの出産の時の痛み」が基準となり、「以上」はそれぞれの尺度上で基準を超えていることを意味します。

語学留学と称してアメリカに渡っても、結局触れ合うのは日本人留学生ばかりで、日常会話以上の英会話レベルが身につかないという人は、本人の「必死さ」がないということの証明としか言えません。（栄陽子（2007）：『留学で人生を棒に振る日本人』、扶

桑社新書、pp. 48-49）

　胆道を遡って管を通す検査は死ぬほど苦しかった。手術後の痛みも哲や小夜子を産むとき以上だった。しかし過ぎてしまった痛みは過ぎてしまった痛みでしかない。（玄侑宗久（2007）：『アミターバ』、新潮文庫、p. 13）

　他方、次のような例ではこれとは事情が異なっているのではないでしょうか。

　では、これら（スピーカー、アンプ、プレーヤー）をどのような基準で選べばいいのか、どのように使いこなすのか。暗中模索のオーディオ道を一気に切り開く、どこまでも実用的で、生きた教養。"初心者以上マニア未満"に贈る麻倉流「オーディオの作法」。（麻倉怜士（2008）『オーディオの作法』、ソフトバンク新書、裏表紙）

　（当時の小泉純一郎総理に郵政民有化を思いとどまらせるべく、森喜朗元総理が首相官邸を訪ねた件について）出されたのは缶ビール十本と干からびたチーズであり、森氏は握りつぶしたビールの空き缶を記者団に突き出して、「こうなると変人以上だね」と憤慨してみせた。／「変人以上」と言うのは「狂人」ということに他ならないとだれしも思うだろう。（小田晋「小泉純一郎の精神分析」、『Will』、2005 年 11 月号、p. 91）

第十一章 「道具以上のもの」 129

　基準がそれぞれ「初心者」、「変人」であることははっきりして
いるのですが、尺度については特に言及がありません。ただ他方
で、「初心者」、「変人」の上の段階が「マニア」、「狂人」として
具体的に提示されています。つまり「以上」の尺度は、「英会話
のレベル」、「痛み」のような任意の語彙によってはっきり示され
る以外に、上の段階を示す語彙の存在によって、暗示されるにと
どまっています。ここから、いわば「オーディオに関する知識の
程度」、「人間の非常識度」などの尺度が自然に類推されてくる、
という仕組みです。

　ところで、以下のような例では尺度はさらに曖昧になってしま
います。

　高級機械式時計は、ユーザに「道具以上のもの」として愛され
るようアフターサービスも万全であり、スイス製時計では、一定
のパーツ提供期間が設けられています。（『MonoMax』、2013 年 3
月号、p. 39）

　Apple TV。テレビをテレビ以上のものにする。 膨大な数の音
楽コレクションや Podcast を楽しみましょう。Apple TV を使えば、
ワンクリックで音楽、写真、Youtube やムービーにアクセスでき
ます。（Apple TV のコマーシャル）

　基準はそれぞれ「道具」と「テレビ」ですが、何の尺度上で「道
具以上」、「テレビ以上」なのでしょうか。先の 2 例とは異なり、
ここでは上位の段階を表す語彙も提示されていません。しかし他

方で、「道具以上」は「ふつうに道具といわれるものとは一味違うすばらしい道具」、「テレビ以上」は「ふつうのテレビにはない機能を数多く備えた多機能のテレビ」といった意味であることは容易に理解できます。とすれば、ここでは「望ましさ」が機能しているのではないでしょうか。

「以上」は、尺度が具体的に与えられた時、あるいは容易に推測が可能な時にはその尺度が機能し、尺度が不明な時には、「望ましさ」が自動的に機能してくると考えられるのです。したがって、上記のようなコマーシャルのキャッチコピーに見るような、あえて具体的尺度を提示せずに、「望ましさ」の尺度を機能させる言語的方策が可能となるのでしょう。

英語の more than についても次のような例を見つけましたが、「以上」と同じ原理が働いていると考えられます。

（フィリピンにある椅子専門店のショールームの名前）*More than* a chair.

（バスケットを通して若者の成長を描いた 2008 年公開の映画のタイトル）*More than* a game.

「以上」の反対語の「以下」についても、上に述べた「以上」の多義性に対応するそれぞれの用法が観察されます。

18 歳以下は、入場料は半額です。（数値に関わるので、基準（＝18 歳）を含む）

第十一章 「道具以上のもの」

　少し前、テレビの生番組で私が日本に好意的なことを言ったら、「それは日本で上手に世渡りをするための発言だ！」と、すかさず横ヤリを入れた某著名人がいました。私の発言が正しいかどうかではなく、日本を評価したことが気に入らないという点で、かのゲバ学生と同じことですが、非礼さと発想の卑しさにおいてはそれ以下かもしれません。（金美齢（2007）：『日本は世界で一番夢も希望もある国です！』、PHP研究所、pp. 11-12）（基準（＝ゲバ学生）、尺度（＝礼儀と発想の豊かさ））

　あんなことをするなんて、彼は、サル以下だ！ほとんど、イヌ並みだ。（基準（＝サル）、下の程度（＝イヌ）、尺度（＝倫理性））

　議会最終日の十九日、議員控室で本人に取材した。村山氏（＝飲酒運転で摘発された県議）は「十一ヶ月間、『村八分』以下の扱いだった。父の葬儀の時も…」と声を詰まらせた。（『河北新報』2008年3月24日朝刊第5面）（基準（＝村八分）、尺度（＝「望ましさ」））

　ところで、ここで以下の興味深い例を検討してみたいと思います。

　（第一次安倍政権における安倍首相の支持率低下に関連して、前任の小泉元首相が「支持率はあまり気にすべきではない、むしろ鈍感であるべきだ」とアドヴァイスした件について）／筆坂
全くです。小泉氏が「鈍感力」と言っているのは、世論なんか無

視しろ、国民の暮らしなんか気にするなということですから。ところで、あのなんとかタイゾーとかいう議員も新赤坂宿舎に入るそうじゃないですか。彼がマスコミで話題になってきたのは、笑い者にされた時だけでしょう。鈍感政治家以下じゃないですか。（村上正邦、平野貞夫、筆坂秀世（2007）：『参議院なんかいらない』、幻冬舎新書、p. 28）

　この「以下」は、「以上」に置き換え可能なように思えます。「以上」と「以下」は反対語であるはずなのに、なぜこのようなことが起きるのでしょうか。

　まず気づくことは、「鈍感政治家以下」であれば、「鈍感政治家よりも酷い政治家」ということになり、「鈍感政治家以上」であれば「鈍感度が、鈍感政治家といわれるような政治家よりも上」という解釈になり、両者は結果的にはほぼ同じ意味になってしまう、ということです。

　しかし、最終的な意味に至る両者の道筋は異なっていると考えられます。つまり、前者では尺度が提示されていないとみなされ、「望ましさ」の尺度が機能してくるのです。「望ましさ」度が鈍感政治家以下ということは、「鈍感政治家よりも酷い政治家」ということになります。これに対し、後者では「鈍感」度といった尺度が提示されていると解釈され、この「鈍感」度で鈍感政治家以上ということは、「鈍感度が鈍感政治家よりも上の政治家」ということになる仕組みです。

　最後に、「以上」と「以下」の否定が組み合わされた「それ以

上でもそれ以下でもない。」という熟語的表現について考えてみたいと思います。

「以上」や「以下」は何らかの尺度上で、基準を前提とし、それより上、あるいはそれより下を意味するはずなのですが、「それ以上でもそれ以下でもない。」は例えば以下のように尺度が明確に提示されると、かえって不自然で、いちおう意味はわかりますが、言わなくてもいいのにあえて付け加えているような印象になってしまいます。

この市のバス料金は市内一律 180 円で、それ以上でもそれ以下でもない。

彼の運動神経は僕と同じレベルで、それ以上でもそれ以下でもない。

この表現については、むしろ以下のように、実際には尺度が何か具体的にわからない例の方が圧倒的に多いのです。また、後続する文脈に否定的な表現を伴っていることが頻度も高く観察されます。

米国といえば「でかくて。世界一金もちで、腕っぷしが強い国」といった印象で、それ以上でもそれ以下でもありません。私にとってのスタンフォードは、勉強するには最高の環境ですが、二年以上住むと発狂しそうなくらい退屈な場所です。（佐々木紀彦（2010）：『米国製エリートは本当にすごいのか？』、東洋経済新報社、p. 242）

思うに、コンビニという空間は、徹頭徹尾「ものを買う」ための施設であって、<u>それ以上でもそれ以下でもない</u>。決して人が集まるための集会所のような機能を備えているのではないのである。（林望選、日本ペンクラブ編（2001）：『買いも買ったり』、光文社文庫、p. 4）

　「それ以上でもそれ以下でもない。」は、前者において「米国は、でかい、世界一金もち、腕っぷしが強い、といったよい点があるのは確かだが、それだけのことだ。それを超えるような優れた点は見出せない。」、後者において「コンビニは、ものを買うのには確かに便利だ。しかし、それだけであり、それ以外に評価すべき点は見出せない。」、といった意味でしょう。したがって、ここに具体的な尺度を探し出そうとしても無理です。むしろ、ここで「以上」と「以下」が関わる尺度は「望ましさ」の尺度である、と考えてみてはいかがでしょうか。つまり、「それ以下でもない」は「確かに〜という「望ましさ」はあって、それは認めざるをえない。」、「それ以上でもない」は「しかし、〜を超える程度の「望ましさ」はないのだ。」をそれぞれ意味する、ということです。

　「それ以上でもそれ以下でもない。」は熟語化と主観化が進んで、具体的尺度からもっぱら「望ましさ」尺度に関わるようになったのでしょう。先に挙げた例の「この市のバス料金は市内一律180円で、<u>それ以上でもそれ以下でもない</u>。」のような場合は、具体的尺度（＝金額）がはっきり提示されているために、「望ましさ」尺度が機能できなくなり、不自然になると考えられます。「彼の運動神経は僕と同じレベルで、<u>それ以上でもそれ以下でもない</u>。」

第十一章 「道具以上のもの」

については、「君は彼をオリンピック選手に育てようと思っているようだが、とても無理だよ。」のような文脈を前かあるいは後ろにつければ、不自然さは解消します。これは、この文脈が「望ましさ」尺度の介入を促すからです。

第十二章 「多少高くとも…」

「多少」は「多」と「少」でできた熟語ですので、例えば、「量の多少に関わらず、ご用命ください。」、「お布施は金額の多少は問題ではなくて、心が大事なのです。」のように、「多い少ないのヴァリエーション」の意味になるのは、よく納得できるものです。

しかし、実際はそのような意味で使われることは少なく、以下のような具体例がほとんどではないでしょうか。

「さらに一週間ほど待って、ボディカラーが私の手持ちの製品と同じ 880（＝ポータブル CD プレイヤー）が出品されたのを発見。多少高くても落札しようと八千円を最高額として入れておいたが、ライバルは現れず二千五百円で落札できた。」（牧野茂雄（2005）：『アナログな日々ときどきモバイル』、アルファベータ、p. 105.）

「たとえ遺伝子がよくても環境が悪けりゃだめだし、遺伝子が多少悪くても、環境さえよければ、努力しだいでそこそこ成功するさ。」（日高敏隆（2006）：『人間は遺伝か環境か？遺伝的プログラム論』、文春新書、p. 3.）

「私が実際に華厳の滝を訪れたのは数年前のことになる。確かに滝は壮大で厳粛ではある。しかし、エレベータで滝壺近くまで気軽に下りることができるので、すっかり観光の対象となっていて、多少興ざめであった。」（黒崎政男（2005）：『身体にきく哲学』、

NTT出版、p. 129.）

　ここで、二つのことに気づきます。一つは、冒頭の「量の多少」や「金額の多少」の例とは異なり、これらの「多少」には「多」と「少」の両方の意味はなく、むしろ、「少」の意味しかないのではないか、もう一つは、「多少高くても」、「多少悪くても」、「多少興ざめ」など、マイナスの意味の表現と一緒に出てきている、ということです。いったい、これはどういうことなのでしょう。

　そこで「多少」がどのような表現と結びつきやすいか、大学生10人にアンケートをとってみました。結果の数字は省略し、わかりやすい形の3段階評価（○自然、△不自然、×非常に不自然）で示したのが、表7です。

ー 表7 ー

×多少優しい人	△多少にぎやかな街	×多少金離れのいい人
○多少冷たい人	○多少さみしい町	○多少けち
△多少残忍な人	△多少殺伐とした街	×多少守銭奴
×多少いい人	×多少清潔な男	×多少まじめな人
○多少情けない人	○多少不潔な男	○多少不良っぽい人
×多少ひどい人	△多少臭い男	×多少凶悪な人

　調査結果は一目瞭然ではっきりしたものでした。「優しい」のようにプラスの意味と結びついた場合は不自然になります。また、確かに「冷たい」のようなマイナスの意味と結びついた場合が最も自然です。ただし、「残忍な」のように極端なマイナスの意味と結びついた場合もあまりよくありません。

　「多少」が「少し」の意味になってしまうのも不思議ですが、それに加えて、なぜマイナスの意味と最も結びつきやすいので

しょうか。もうお気づきかもしれませんが、「多少」もこれまで述べてきた「望ましさ」判断に、どうも関わりがあるようです。

　そこで、以下の文を見てみましょう。

　「多少体の弱い人の方が、人の気持ちはよくわかる。」
　「多少生意気な学生は、あとあと伸びるようです。」

　この二つの文は自然ですが、以下のように後半を変えてみるとどうなるでしょうか。同じ「体の弱い」、「生意気」というマイナスの表現であるにも関わらず、文が不自然な感じがしませんか。

　「多少体の弱い人は、心も弱気になりやすいね。」
　「多少生意気な学生は、挫折に弱い。」

　これらの文の前半部と後半部について、「望ましさ」の観点からどうなっているかを考えてみると、以下のように構造が見えてきます。

　「多少体の弱い人【＝望ましくない事態】の方が、人の気持ちはよくわかる【＝望ましい事態】。」
　「多少生意気な学生【＝望ましくない事態】は、あとあと伸びるようです【＝望ましい事態】。」
　「多少体の弱い人【＝望ましくない事態】は、心も弱気になりやすい【＝望ましくない事態】ね。」
　「多少生意気な学生【＝望ましくない事態】は、挫折に弱い【＝

望ましくない事態】。」

　つまり、【多少・望ましくない事態】→【望ましい事態】の組み合わせは自然ですが、【多少・望ましくない事態】→【望ましくない事態】だと不自然になってしまう、ということです。そこで、これらの「多少」は、「量の多少」や「金額の多少」のように商品の数量や金額などを直接的に問題にしているのではなくて、当該の事柄の「望ましくなさ」の程度、つまり「望ましくなさ」の「多」と「少」を表しているのだ、と考えてみることにします。
　例えば、「多少体の弱い人の方が、人の気持ちはよくわかる。」の「体が弱い」は「望ましくない」事柄ですが、その「望ましくなさ」がいったい「多」なのか「少」なのか、話し手は迷います。一般常識的に考えれば「体が弱い」は「望ましくなさ」が「多」のはずですが、「人の気持ちがよくわかるようになる。」という大きなメリットもありますので、「望ましくなさ」は「少」とも考えられ、迷いが生じるのです。文は全体として「人の気持ちがよくわかる。」という「望ましさ」を述べることに主眼がありますので、「体が弱い」の「望ましくなさ」は話し手の迷い（＝多少）によって相対化され、その結果その「望ましくなさ」はそれほどでもない、つまり「少し」という意味が生じてきます。
　他方、「多少体の弱い人は、心も弱気になりやすいね。」では、「心が弱気になりやすい」の方も「望ましくない」事態ですので、「体が弱い」という「望ましくなさ」は「多」に決まっていて、「多」か「少」かという迷いが生じる余地はありません。したがって、「多少」はここでは不自然ということになります。

同様に、「あとあと伸びる。」ということがあれば「生意気な学生」の「望ましくなさ」の程度に迷いが生じますが、単に「挫折に弱い。」ということであれば「生意気な学生」の「望ましくなさ」は自動的に「多」に決まることになり、ここで「多少」を用いるのはやはり不適切ということになります。

　つまり、「多少」は見かけ上は次の形容詞を修飾し「多少＋形容詞」という形になっていますが、実際は文全体に関わっており、2つの事態の関係を問題にしている、ということです。また、「多少」に感じられた「少し」の意味は、具体的程度上での「少」ではなしに、「望ましくなさ」の「少」であったことがわかります。

　ところで「望ましくなさ」の「多」と「少」ということを述べてきましたが、「多少」は逆の「望ましさ」の「多」と「少」にも関わることができるようです。

　「多少健康【＝望ましい事態】でも、徹夜の連続は体に毒です【＝望ましくない事態】。」

　「多少礼儀正しい【＝望ましい事態】からといって、本当にいい社員とは限りません【＝望ましくない事態】。」

　以上の二つの文の「徹夜の連続は体に毒だ。」、「本当にいい社員とは限らない。」は結局「望ましくなさ」を述べることに主眼がありますので、一般的には「望ましさ」が「多」であるはずの「健康さ」、「礼儀正しさ」の「望ましさ」に、「多」か「少」か、という迷いが生じる余地があります。したがって、「多少」の使用が可能になります。

第十二章 「多少高くとも…」   141

　ところが、次の二つの文の「考え方が前向き」、「いい成果をあげる」は「望ましい」ことですので、「健康な人」、「礼儀正しい社員」の「望ましさ」は「多」以外にありえません。したがって、「多少」は不自然ということになります。

　「多少健康な人【＝望ましい事態】は、考え方も前向き【＝望ましい事態】だ。」
　「多少礼儀正しい社員【＝望ましい事態】の方が、やはりいい成果をあげます【＝望ましい事態】。」

　この章の最初に挙げたアンケートの結果では、「多少」はある程度のマイナスの意味の表現と最も親和性が高くて、プラスの意味や極端なマイナスの意味と結びついた場合は、不自然になってしまうということでした。しかし、上の「多少健康【＝望ましい事態】でも、徹夜の連続は体に毒です【＝望ましくない事態】。」のように文全体として最終的に「望ましくなさ」を述べるのが主眼である場合は、プラスの意味の表現と結びついても不自然にはならないのです。
　また、極端なマイナスの意味であっても、最終的に「望ましさ」の方にもっていけるようであれば、「多少」の不自然さはかなり緩和されます。以下の二例を比較してみてください。

　「多少殺伐とした街」→「いまは多少殺伐とした街だが、これから３つのデパートや地下街もできるので、雰囲気もだいぶ明るくなってくるだろう。」

「多少臭い男」→「多少臭い男だが、とにかく頭は切れるぞ。」

　文脈がない場合にマイナスの意味との結びつきが最も自然だったのは、「どのような状況でいわれる表現だろうか？」とさまざま想像を巡らした時に、「〜という望ましくなさはあるが、それは結局それほど程度の高いものではない。」というプラスの方向への想定が一般的には自然だから、と考えられます。

　実例でも「多少」がマイナスの表現に結びついたケースが圧倒的多数なのですが、文全体が最終的に「望ましくなさ」にもっていくような内容の場合は、プラスの表現に結びついた「多少」も自然になります。以下は、その実例です。

　「戦後、日本人の体格は<u>多少</u>大きくなった【＝望ましい事態】が、漱石がもっていたような人間的な正義は、いまの日本人には稀薄である【＝望ましくない事態】。客観的・相対的意識もなく、日本の文化原理とされた恥意識も完全に失われた。」（勢古浩爾（2005）：『なぜ、だれも私を認めないのか』、講談社α文庫、p. 24.）

　「（ソニーのモバイル・コンピュータ VAIO type U VGN-UX50 のレポート）（キーボードの）入力性はそれなりだが、ペンだけよりはるかに使いやすい。慣れれば<u>多少</u>早くなる【＝望ましい事態】が長文入力は指が疲れる【＝望ましくない事態】。」（『日経ベストPC』、2006年7月号、p. 103.）

第十二章　「多少高くとも…」　　143

　「多少」はまた、以下のような、相手への励ましや警告の言葉
で用いられることもよくあります。

　励まし：
「多少失敗しても、すぐ挽回できるよ。」
「多少すりむいても、すぐ直るよ。」

　警告：
「多少成功しても、天狗になってはいけません。」
「多少お年玉が溜まったからといって、無駄遣いしちゃだめだ
よ。」

　もうおわかりと思いますが、励ましでは、あるマイナスの事態
の「望ましくなさ」は「多」とも「少」とも考えられるので、必
ずしも「多」とはいえないよ、という迷いをあえて作り出し、結
果的にその「望ましくなさ」はそれほどでもないよ、とするもの
です。警告はこの逆で、あるプラスの事態の「望ましさ」につい
て、その程度に迷いを作り出し、その「望ましさ」はそれほどで
もない、とするのです。
　最後に、謙譲や弁解に使われる「多少」にも触れておきたいと
思います。以下のようなものです。

　謙譲：
「先生のおかげで、今年は多少よい成果をあげることができま
した。」

「その日はいつものように、人気のないスポットでくつろいでいた。泳ぎには多少自信があるので、毎回沖の方まで泳ぎに行っている。その日も同じように沖の方まで泳いでいた。」（平間康人（2005）：『アジア『裏』旅行』、彩図社、p. 56.）

弁解：
「多少むさ苦しいところですが、どうぞお上がりください。」

「まあ、私の申し様には、多少失礼なところがあると思いますが、話したり、喋ったりするのはかなり生理的な力というか、能力だと思います。」（福田和也（2000）：『悪の対話術』、講談社現代新書、p. 138.）

「多少」をつけることで、「よい成果」、「泳ぎには自信がある」の「望ましさ」の程度にあえて迷いを生じさせます。結果的にその程度はそれほどのものではないと自分から告げることになり、謙譲のニュアンスが出てきます。他方、「むさ苦しい」、「失礼なところがある」の「望ましくなさ」の程度に迷いを生じさせ、その程度はそれほどでもないので、どうか許して欲しい、とするのが弁解です。

以上のことから、「多少」は量の「多い少ない」を意味するのではなく、「望ましさ」や「望ましくなさ」度の「多い少ない」を問題とする表現であることがわかります。

エピローグ

　梯子が屋根や木に登るための道具であり、掃除機が部屋を掃除するための道具であるように、言葉は情報伝達のための道具といえます。しかし、梯子や掃除機などふつうの道具はその目的を達してしまえば、あとは次に使われる時のために倉庫や押し入れにしまい込まれてしまいます。道具とその使用者との関係は、このようにきわめてドライなものです。言葉も、必要になった時にだけ話し手が用立てる単なる道具にすぎないのでしょうか。

　どうもそういうことではないようです。言葉には、伝達される表面的な情報や辞書的な意味を超えて、それを話す人の心のありかたが反映されます。いわば、言葉と心は不可分の関係にあります。言葉には、それを話す人間の存在が印づけられ、常にその人の心の声が響いているのです。

　この場合の心の声とは、例えば次のような素朴な考え方とは全く異なるものです。言葉はそれを話す人間がいてはじめて成り立つもので、その人間の個人的な思いや考え方が反映されるのは当然ではないか、人は喜びや感動や悲しみや思考など、心の世界で起こっていることを言葉で表すのだ、またその表し方も人それぞれで、結果的に言葉にはその人の個性が滲み出てくるのだ。

　しかし、意外に思われるかも知れませんが、言葉の世界をその基層の方へ、下へ下へとずっと下りていくと、そこにあるのは各個人の個性がいっそう際立ってくるような世界では全くなく、逆に個性がゼロになってしまう領域、個人の心でありながら個人のものでない、いわば個性の漂白された個人性とでもいうべき不思

議なレベルが厳然として存在しているのです。言葉の世界における心の声は、このような心の基層で働く原理に支配されており、当の話し手の意識にすら上らないところで自己主張しているのです。したがって、これを探るには、言葉の使用の具体例を徹底的に分析するしかありません。この作業を通じて、われわれの無意識を意識化する必要があります。

　ヨーロッパにおける言葉の研究は、サンスクリット語の発見を契機として誕生し、比較文法において科学として確立されました。言葉は茫漠とした分析不可能な対象ではけっしてなく、自然科学にも匹敵するような厳密な定式化が可能な対象であることが明らかになりました。次いでソシュールによって、言葉を心の現象として分析する端緒が開かれました。彼は、個人の中にありながらもその本質は無個性である原理が、われわれの心の基層部分、無意識の領域を支配していることを発見しました。また、その働きは規則的な厳密性をもったものです。このような無個性の個人性が実は私たち個々人の個性豊かな言語表現や日常生活を下から常に支えているということになります。言葉の科学の方法論が他の研究領域に広範に影響を及ぼした、いわゆる人文社会科学の構造主義という思潮が盛んになった 20 世紀後半の一時期がありましたが、この運動の原動力としてあったのも、無意識レベルで働く、無個性でかつ支配的な規則性、つまりソシュール的原理の発見への驚きでした。

　それから、20 世紀末になって、高等研究院でソシュールの教え子であったメイエの文法化概念、またやはり高等研究院でソシュールの前任者のブレアルが指摘していた主観性概念が、再発

見されました。意味と文法の世界において、これらが重要な働きをしていることがやっと認識されたのです。バイイについても、ソシュールの『一般言語学講義』の編者という評価から解放し、主観性概念の先駆的研究者として見直す必要があろうかと思います。

　本書は第四部で、日本語を材料に、特に「望ましさ」という主観性概念の可能性について考えてみました。この概念は、日本語のみならず他の外国語においても、さまざまなところで作用しているのですが、言葉の内的な仕組みを言葉外の客観世界に還元してしまうような思考法においては、まさに盲点となってしまうような働きなのです。欧米語や中国語は日本語に比べ客観的な叙述を好むともされますが、本当にそうでしょうか。教科書や参考書、また辞書や先生の説明をいったん保留にして、言葉の現象そのものに目を凝らしてみると、英語などの欧米語においても、さまざま意外なところから心の声が聞こえてくるはずです。また、大学では英語以外にもう一つ、さらにやる気があれば二つ以上の外国語をもみっちりと勉強できます。第四部で扱った具体例を参考に、日本語以外の外国語についても心の声の抽出にぜひ挑戦してみてください。はじめは疎遠に感じられていた外国語が、基本のところで日本語とも深く繋がっていたんだ、という懐かしい発見があるはずです。

　本書の刊行にあたって、東北大学大学院文学研究科の歴代の出版企画委員、特に小林隆先生と沼崎一郎先生、東北大学出版会の小林直之氏にお世話になりました。原稿が遅れに遅れてしまっていたのですが、こうして無事に脱稿に至ることができましたのは、各先生方と出版会の小林氏の親身なアドヴァイスの賜です。心からお礼申し上げます。

【参考文献】

第一部

風間喜代三（1978）：『言語学の誕生―比較言語学小史―』、岩波新書。
　　＊ジョーンズによるサンスクリット語の発見から、比較文法の誕生、青年
　　　文法学派、ソシュールの喉頭音の概念までを解説。
風間喜代三（1993）：『印欧語の故郷を探る』、岩波新書。
　　＊印欧語の故地について、比較文法のみならず、考古学的なデータをも射
　　　程に入れて、さまざまな説を紹介。
風間喜代三（1987）：『言葉の生活誌　インド・ヨーロッパ文化の原像へ』、
　　　平凡社選書。
風間喜代三（1990）：『言葉の身体誌　インド・ヨーロッパ文化の原像へ』、
　　　平凡社選書。
　　＊上記２書は、印欧語の語彙を手がかりに、印欧語を話していた人々の当
　　　時の生活形態や文化について考察。
風間喜代三（1998）：『ラテン語とギリシャ語』、三省堂。
　　＊ギリシャ語とラテン語について、印欧語との関係の観点から比較したも
　　　の。巻末には、ギリシャ語、ラテン語学習者用の解説つき参考文献あり。
工藤進（2005）：『日本語はどこから生まれたか―「日本語」・「印欧語」同一
　　　起源説』、ベスト新書。
　　＊複数形、人称代名詞、格助詞などの文法を比較することにより、日本語
　　　と印欧語が同一起源であるとの興味深い仮説を提示。
大野晋（1999）：『日本語はどこからきたのか―言葉と文明のつながりを考え
　　　る―』、中公文庫。
　　＊日本語と南インドのドラヴィダ諸語の一つであるタミール語との同系説
　　　を唱える。大野氏の著作は、この分野における主著『日本語の形成』（岩
　　　波書店、2000）を中心に数多いが、入門書としてはこれが最適。比較文
　　　法的な音韻対応以外にも、両文化圏における風習の類似性、土器などの
　　　考古学的データにも言及。

参考文献 149

寺澤芳雄（1997）:「語源学解説」、『英語語源辞典』、研究社。
　＊比較文法の方法論、印欧語およびその英語との関係に関するわかりやす
　　い概説。
吉田和彦（2005）:『比較言語学の視点』、大修館書店。
　＊比較文法の近年の成果について解説したもの。著者はヒッタイト語を中
　　心とするアナトリア諸語の専門家で、特にアナトリア諸語について詳説。

第二部

加賀野井秀一（2004）:『ソシュール』、講談社選書メティエ。
　＊ソシュールの言理論の基本を、具体例をまじえながらわかりやすく解
　　説。また、ソシュールと現代思想との関係、特にソシュールの影響の下
　　に生まれた構造主義概念について扱う。巻末に、説明つきの詳細なブッ
　　クガイドあり。
丸山圭三郎（1985）:『ソシュール小事典』、大修館書店。
　＊ソシュールの生涯、ソシュール理論の基礎概念、ソシュール文献学など、
　　ソシュールに関する研究一般について総合的に扱ったいわゆる読む事
　　典。
松澤和宏（2013）:『フェルディナン・ド・ソシュール「一般言語学」著作集
　　I　自筆原稿「言語の科学」』、岩波書店。
　＊ 1996 年にソシュール家で発見されたソシュールの自筆手稿について、
　　緻密なテキスト分析を施したもの。
ソシュール、フェルディナン・ド（小林英夫訳）（1972）:『一般言語学講義』、
　　岩波書店。
　＊ソシュールのジュネーヴ大学での「一般言語学」講義について、編者の
　　バイイとセシュエが学生のノートをもとに一書にまとめたもの。
パウル、ヘルマン（福本喜之助訳）（1976）:『言語史原理』、講談社学術文庫。
　＊印欧語比較文法、特に青年文法学派の研究の方法論について解説。類推
　　概念の記述が、ソシュールの『一般言語学講義』との関連で興味深い。

第三部

バンヴェニスト、エミール（岸本通夫監訳）（1983）:『一般言語学の諸問題』、
　　みすず書房。

バンヴェニスト、エミール（阿部宏監訳、前島和也・川島浩一郎訳）（2013）：
『言葉と主体』、岩波書店。
　＊上記 2 書は、バンヴェニストの一般言語学に関する論考のほぼ全てを収
　　録した論文集全 2 巻の邦訳。
ホッパー、P.J.・E.C. トラウゴット（日野資成訳）（2003）：『文法化』、九州
大学出版会。
　＊文法化概念の概説書。英語をはじめとして各国語の具体例が豊富に提示
　　されている。またトラウゴットは、文法化が主観化を引き起こすという
　　説を提唱しており、主観性への言及も多い。
井上京子（1998）：『もし「右」や「左」がなかったら　言語人類学への招待』、
大修館書店。
　＊「右」や「左」のような方向概念がない言語もある。言葉が空間をどの
　　ように表すか、さまざまな言語の例を分析し解説。
北原保雄編著（2004）：『問題な日本語』、大修館書店。
北原保雄編著（2005）：『続弾！問題な日本語』、大修館書店。
北原保雄編著（2007）：『問題な日本語　その 3』、大修館書店。
　＊上記 3 書は、若者言葉などで最近使われる日本語の誤用を収集し、言語
　　学的分析を加えたもの。類推、文法化などの観点から考えてみると興味
　　深い例が多い。
メイエ、アントワーヌ（松本明子編訳）（2007）：『いかにして言語は変わる
か―アントワーヌ・メイエ文法化論集』、ひつじ書房。
　＊メイエの文法化概念について、関連論文を編集して邦訳。
籾山洋介（2006）：『日本語は人間をどう見ているか』、研究社。
　＊人間は、植物、鳥、機械などに見立てられる。文学作品、エッセー、新
　　聞記事などの具体例にもとづいて、メタファーの仕組みを一般向けに解
　　説。
瀬戸賢一（2005）：『よくわかる比喩　言葉の根っこをもっと知ろう』、研究社。
　＊意味の世界がメタファーによって構造化されていることを、日本語や英
　　語の身近な表現を題材に解説しながら、同時にメタファー研究の最先端
　　の成果を易しく紹介したもの。巻末に日本語や英語の文献の読書案内あ
　　り。
時枝誠記（2007）：『国語学原論』、岩波文庫、全 2 巻。
　＊ソシュールの言語観を批判し、独自の言語過程説を主張。特に「詞」に

対する「辞」の概念は興味深い。

第四部

阿部宏（2006）：「熟語「多少」と主体化について」、『日本認知言語学会論文集』、第 6 巻。
　＊「多少」の機能を「望ましさ」仮説の観点から分析。

阿部宏（2008）：「トートロジーと主観性について」、『日本認知言語学会論集』、第 8 巻。
　＊トートロジー、矛盾文、「（ある音楽を聞いて）これが音楽だ！」のような自明文について、主観性概念の観点から考察。

阿部宏（2009）：「日本語における「望ましさ」概念について」、*Civilisation of Evolution, Civilisation of Revolution, Metamorphoses in Japan 1900–2000*, Museum of Japanese Art & Technology Manggha, Krakow.
　＊「望ましさ」仮説の概説と、トートロジー、矛盾文、「X の中の X」などについて、この観点から分析。

阿部宏（2012）：「川口氏の「スーパー・プレディケート」仮説について」、『藝文研究』（慶應義塾大学文学部）、第 103 号。
　＊日本語の「以上」とフランス語の plus que（＝ more than）の多義性について分析。

坂原茂（2002）：「トートロジとカテゴリ化のダイナミズム」、『認知言語学 II カテゴリー化』、東京大学出版会。
　＊トートロジーと矛盾文研究についての必読論文。これらの構文をプロトタイプ概念の観点から分析。

野呂健一（2009）：「現代日本語の名詞反復構文」、『認知言語学論考』、No. 9、ひつじ書房。
　＊「X の中の X」、「X また X」など同一名詞が繰り返される定型表現の機能を考察したもの。

渡辺実（2001）：『さすが日本語』、ちくま新書。
　＊「せっかく」、「どうせ」、「多少」、「さっき」など、日本語学で副用語といわれる一連の表現について考察。著者は、これらに日本語の「話し手の気持ち」が現れているとする。

著者略歴

阿　部　　　宏（あべ・ひろし）

　1958 年山形県生まれ。早稲田大学第一文学部卒。早稲田大学大学院修士課程修了。1989 年学習院大学博士課程中退。2000 年学位取得（情報科学）。東北大学専任講師、同助教授を経て、現在、大学院文学研究科教授。専門はフランス語学、一般言語学、言語学史、日仏英対照言語学。特に言語における主観性概念に関心がある。

　最近の論文：「比較文法を批判してソシュールが考えたこと」『思想』（岩波書店、2007 年 11 月号）、La tautologie et la notion subjective de « désirabilité », *Current Issues in Unity and Diversity of Languages*（Dongnam Publishing Co.、2009 年）、「Au moins, du moins, encore moins と主観性」『フランス語学研究』第 44 号（日本フランス語学会、2010 年）、A propos de l'hétérogénéité de la phrase contradictoire en français, *Actas del XXXVI Congreso Internacional de Lingüística y Filología Románica*, Tome V（De Gruyter、2013 年）、「過去の語りに潜在する「わたし」・「いま」・「ここ」」『フランス語学の最前線 2』（ひつじ書房、2014 年）、「フランス語のムードとモダリティ」『ひつじ意味論講座 3』（ひつじ書房、2014 年）、「疑似主体に基づく主観性について」『フランス語学の最前線 3』（ひつじ書房、2015 年）。

言葉に心の声を聞く
―印欧語・ソシュール・主観性―

In the Language, Listen to the Voice from the Mind :
Indo–European, Saussure, Subjectivity.
©　Hiroshi ABE, 2015

2015 年 3 月 25 日　　　初版第 1 刷発行

著　者　阿　部　　　宏
発行者　久　道　　　茂
発行所　東北大学出版会
　　　　〒 980–8577　仙台市青葉区片平 2–1–1
　　　　TEL 022–214–2777　FAX 022–214–2778
　　　　http://www.tups.jp　info@tups.jp

印　刷　笹氣出版印刷株式会社
　　　　〒 984–0011　仙台市若林区六丁の目西町 8–45
　　　　TEL 022–288–5555　FAX 022–288–5551

ISBN978–4–86163–258–7　C1310
定価はカバーに表示してあります。
乱丁、落丁はおとりかえします。